OEUVRES
COMPLETES
D'HELVÉTIUS.

TOME HUITIEME.

A PARIS,

DE L'IMPRIMERIE DE P. DIDOT L'AÎNÉ.

L'AN IIIe DE LA RÉPUBLIQUE.

1795.

OEUVRES
COMPLETES
D'HELVÉTIUS.

TOME HUITIEME.

DE L'HOMME,

DE SES FACULTÉS INTELLECTUELLES,

ET DE SON ÉDUCATION.

> Honteux de m'ignorer,
> Dans mon être, dans moi, je cherche à pénétrer.
>
> VOLTAIRE, Disc. 6
> de la nature de l'Homme.

DE L'HOMME,

DE SES FACULTÉS INTELLECTUELLES, ET DE SON ÉDUCATION.

SUITE DE LA SECTION II.

Tous les hommes communément bien organisés ont une égale aptitude à l'esprit.

CHAPITRE X.

Que les plaisirs des sens sont, à l'insu même des nations, leurs plus puissants moteurs.

Les moteurs de l'homme sont le plaisir et la douleur physique. Pourquoi la faim est-elle le principe le plus habituel de son activité? C'est qu'entre tous les besoins ce dernier est celui qui se renouvelle le plus souvent, et qui commande le plus impérieusement. C'est la faim et la difficulté de pourvoir à ce besoin qui dans les forêts donne aux animaux carnassiers tant de supériorité d'esprit sur l'animal pâturant ; c'est la faim qui fournit aux premiers cent moyens ingénieux d'attaquer, de surprendre le gibier ; c'est la faim qui, retenant six mois entiers le sauvage sur les lacs et dans les bois, lui apprend à courber son arc, à tresser ses filets, à tendre des pieges à sa proie ; c'est encore la faim qui, chez les peuples policés, met tous les citoyens en action, leur fait cultiver la terre, apprendre un métier, et remplir une charge. Mais, dans les fonctions de cette charge, chacun oublie le motif qui la lui fait exercer ;

c'est que notre esprit s'occupe, non du besoin, mais des moyens de le satisfaire. Le difficile n'est pas de manger, mais d'apprêter le repas (a). Si le ciel eût pourvu à tous les besoins de l'homme ; si la nourriture convenable à son corps eût été, comme l'air et l'eau, un élément de la nature, l'homme eût à jamais croupi dans la paresse.

La faim, par conséquent la dou-

(a) Si les besoins sont nos moteurs uniques, c'est donc à nos divers besoins qu'il faut rapporter l'invention des arts et des sciences. C'est à celui de la faim qu'on doit l'art de défricher, de labourer la terre, de forger le soc, etc. ; c'est au besoin de se défendre contre les rigueurs des saisons qu'on doit l'art de bâtir, se vêtir, etc.

Quant à la magnificence dans les équipages, les étoffes, les ameublements ;

leur, est le principe d'activité du pauvre, c'est-à-dire du plus grand nombre; et le plaisir est le principe d'activité de l'homme au-dessus de l'indigence, c'est-à-dire du riche. Or, entre tous les plaisirs, celui qui sans contredit agit le plus fortement sur nous, et communique à notre ame le plus d'énergie, est le plaisir des femmes. La nature, en attachant la plus grande ivresse à leur jouissance, a voulu en

quant à la musique, aux spectacles, enfin à tous les arts du luxe; c'est à l'amour, au desir de plaire, et à la crainte de l'ennui, qu'il faut pareillement en rapporter l'invention. Sans l'amour, que d'arts encore ignorés! quel assoupissement dans la nature! L'homme sans besoins seroit sans principe d'action. C'est au besoin du plaisir que la jeunesse doit en partie son activité et la supériorité qu'à cet égard elle a sur l'âge avancé.

faire un des plus puissants principes de notre activité (a).

Nulle passion n'opere de plus grand changement dans l'homme. Son empire s'étend jusques sur les brutes. L'animal timide et tremblant à l'approche de l'animal même le plus

(a) Parmi les savants, il en est, dit-on, qui, loin du monde, se condamnent à vivre dans la retraite. Or, comment se persuader que dans ceux-ci l'amour des talents ait été fondé sur l'amour des plaisirs physiques, et sur-tout des femmes ? Comment concilier ces inconciliables ? Pour cet effet, supposons qu'il en soit d'un homme à talents comme d'un avare : si ce dernier se prive aujourd'hui du nécessaire, c'est dans l'espoir de jouir demain du superflu. L'avare desire-t-il un beau château, et l'homme à talents une belle femme ? si pour acheter l'un et l'autre il faut de grandes richesses et une grande réputation, ces deux hommes

foible est enhardi par l'amour. A l'ordre de l'amour, l'animal s'arrête, dépouille toute crainte, attaque et combat des animaux ses égaux ou même ses supérieurs en force. Point de dangers, point de travaux dont l'amour s'étonne. Il est la source de la vie.

travaillent, chacun de leur côté, à l'accroissement, l'un de son trésor, l'autre de sa renommée. Or, dans l'espace de temps employé à l'acquisition de cet argent et de cette renommée, s'ils ont vieilli, s'ils ont contracté des habitudes qu'ils ne puissent rompre sans des efforts dont l'âge les ait rendus incapables, l'avare et l'homme à talents mourront, l'un sans château, l'autre sans maîtresse. Ce n'est pas uniquement entre ces deux hommes, mais entre la coquette et ce même avare, qu'on rencontre encore une infinité de ressemblances. Tous deux, plus heureux qu'on ne le pense, le sont de la même maniere. L'avare, en comptant son or, jouit de la

A mesure que ses desirs s'éteignent, l'homme perd son activité; et par degrés la mort s'empare de lui.

– Plaisir et douleur physique, voilà les seuls et vrais ressorts de tout gouvernement. On n'aime point proprement la gloire, les richesses, et les possession prochaine de tous les objets dout l'or peut être l'échange; et la coquette, se mirant dans sa glace, jouit pareillement d'avance de tous les hommages que lui procureront ses graces et sa beauté. L'état de desir est un état de plaisir. Les châteaux, les amants et les femmes, que les richesses, la beauté et les talents peuvent leur procurer, sont un plaisir de prévoyance, sans doute moins vif, mais plus durable, que le plaisir réel et physique. Le corps s'épuise, l'imagination jamais. Aussi, de tous les plaisirs, ces derniers sont-ils en général ceux qui, dans le total de notre vie, nous donnent la plus grande somme de bonheur.

honneurs, mais les plaisirs seuls dont cette gloire, ces richesses et ces honneurs sont représentatifs. Et, quoi qu'on dise, tant qu'on donnera pour boire à l'ouvrier pour l'exciter au travail, il faudra convenir du pouvoir qu'ont sur nous les plaisirs des sens.

Que s'ensuit-il? Que ce n'est point dans la jouissance de ces mêmes plaisirs que peut consister la dépravation politique des mœurs. Qu'est-ce en effet qu'un peuple efféminé et corrompu? Celui qui s'approprie par des moyens vicieux les mêmes plaisirs que les nations illustres acquierent par des moyens vertueux.

L'homme est une machine qui, mise en mouvement par la sensibilité physique, doit faire tout ce qu'elle exécute. C'est la roue qui, mue par un torrent, éleve les pistons, et après eux les eaux destinées à se dégorger dans les bassins préparés à la recevoir.

Après avoir ainsi montré qu'en nous tout se réduit à sentir, à se ressouvenir, et qu'on ne sent que par les cinq sens; pour découvrir ensuite si le plus ou moins grand esprit est l'effet de la plus ou moins grande perfection des organes, il s'agit d'examiner si dans le fait la supériorité de l'esprit est toujours proportionnée à la finesse des sens et à l'étendue de la mémoire.

CHAPITRE XI.

De l'inégale étendue de la mémoire.

JE ne ferai sur cette matiere que répéter ce que j'ai déja dit dans le livre de l'*Esprit*, et j'observerai,

1°. Que les Hardouin, les Longuerue, les Scaliger, enfin tous les prodiges de mémoire, ont eu communément peu de génie, et qu'on ne les plaça jamais à côté des Machiavel, des Newton, et des Tacite ;

2°. Que, pour faire des découvertes en quelque genre que ce soit, et mériter le titre d'inventeur ou d'homme de génie, s'il faut, comme le prouve Descartes, encore plus méditer qu'apprendre, la grande mémoire doit être exclusive du grand esprit (a).

(a) Les mémoires extraordinaires font

Qui veut acquérir une grande mémoire doit la cultiver, la fortifier par un exercice journalier. Qui veut acquérir une certaine tenue dans la méditation doit pareillement en fortifier en lui l'habitude par un exercice journalier. Or, le temps passé à méditer n'est point employé à placer des faits dans mon souvenir. L'homme qui compare et médite beaucoup a donc les érudits; la méditation fait les hommes de génie. L'esprit original, l'esprit à soi, suppose comparaison des objets entre eux, et appercevance de rapports inconnus aux hommes ordinaires. Il n'en est pas ainsi de l'esprit du monde; ce dernier est un composé de goût et de mémoire. Si sa réputation ne s'étend point au-delà de son cercle, c'est qu'il n'écrit point, qu'il ne perfectionne aucune science, et qu'il ne se rend point utile aux hommes, et ne doit par conséquent en obtenir que peu d'estime.

communément d'autant moins de mémoire qu'il en fait moins d'usage. Au reste, que sert une grande mémoire? La plus ordinaire suffit au besoin d'un grand homme. Qui sait sa langue a déja beaucoup d'idées. Pour mériter le titre d'homme d'esprit que faut-il? Les comparer entre elles, et parvenir par ce moyen à quelque résultat neuf et intéressant, ou comme utile, ou comme agréable. La mémoire, chargée de tous les mots d'une langue, et par conséquent de toutes les idées d'un peuple, est la palette chargée d'un certain nombre de couleurs. Le peintre a sur cette palette la matiere premiere d'un excellent tableau ; c'est à lui à les mêler et à les étendre de maniere qu'il en résulte une grande vérité dans sa teinte, une grande force dans son coloris, enfin un beau tableau.

La mémoire ordinaire a même plus

d'étendue qu'on ne pense. En Allemagne et en Angleterre, presque point d'homme bien élevé qui ne sache trois ou quatre langues. Or, si l'étude de ces langues est comprise dans le plan ordinaire de l'instruction, elle ne suppose donc qu'une organisation commune. Tous les hommes sont donc doués par la nature de plus de mémoire que n'en exige la découverte des plus grandes vérités. Sur quoi j'observerai que, si la supériorité de l'esprit, comme le remarque M. Hobbes, consiste principalement dans la connoissance de la vraie signification des mots, et s'il n'est point d'homme qui, dans la seule méditation de ceux de sa langue, ne trouve plus de questions à discuter qu'il n'en résoudroit dans le cours d'une longue vie, personne ne peut se plaindre de sa mémoire. Il en est, dit-on, de vives et de lentes.

On a, à la vérité, une mémoire vive des mots de sa propre langue, une mémoire plus lente de ceux d'une langue étrangere, sur-tout si on la parle rarement. Mais qu'en conclure ? sinon qu'on a un souvenir plus ou moins prompt des objets, selon qu'ils sont plus ou moins familiers. Il n'est qu'une différence réelle et remarquable entre les différentes mémoires, c'est l'inégalité de leur étendue. Or, si tous les hommes communément bien organisés sont, comme je l'ai prouvé, doués d'une mémoire suffisante pour s'élever aux plus hautes idées, le génie n'est donc pas le produit de la grande mémoire. Qu'on lise le chapitre III, discours III, de l'*Esprit;* j'y considere cette question sous toutes les faces. L'expérience prouve qu'en général ce n'est point au défaut de mémoire qu'il faut rapporter le défaut d'esprit.

Le regardera-t-on comme un effet de l'inégale perfection des autres organes ?

CHAPITRE XII.

De l'inégale perfection des organes des sens.

Si dans les hommes tout est *sentir physiquement*, ils ne different donc entre eux que dans la nuance de leurs sensations. Les cinq sens en sont les organes : ce sont les cinq portes par où les idées vont jusqu'à l'ame. Mais ces portes sont-elles également ouvertes dans tous? et, selon la structure différente des organes de la vue, de l'ouïe, du toucher, du goût, et de l'odorat, chacun ne doit-il pas sentir, goûter, toucher, voir, et entendre différemment ? Entre les hommes, enfin, ne sont-ce pas les plus finement organisés qui doivent avoir le plus d'esprit, et peut-être les seuls qui puissent en avoir ?

L'expérience n'est pas sur ce point d'accord avec le raisonnement : elle démontre bien que c'est à nos sens que nous devons nos idées; mais elle ne démontre point que l'esprit soit toujours en nous proportionné à la finesse plus ou moins grande de ces mêmes sens. Les femmes, par exemple, dont la peau plus délicate que celle des hommes leur donne plus de finesse dans le sens du toucher, n'ont pas plus d'esprit qu'un Voltaire (a).

(a) L'organisation des deux sexes est sans doute très différente à certains égards:

Homere et Milton furent aveugles de bonne heure. Un aveuglement si prématuré supposoit quelque vice dans l'organe de leur vue : cependant quelle imagination plus forte et plus brillante?

mais cette différence doit-elle être regardée comme la cause de l'infériorité de l'esprit des femmes ? Non. La preuve du contraire, c'est que nulle femme n'étant organisée comme un homme, nulle en conséquence ne devroit avoir autant d'esprit. Cependant que de femmes célèbres ne le cedent point aux hommes en génie! Si elles leur sont en général inférieures, c'est qu'en général elles reçoivent encore une plus mauvaise éducation. Comparons ensemble des personnes de conditions très différentes, telles que les princesses et les femmes de chambre. Je dis qu'en ces deux états les femmes ont communément autant d'esprit que leurs maris. Pourquoi? C'est que les deux sexes y reçoivent une aussi mauvaise éducation.

2.

On en peut dire autant de M. de Buffon; il a les yeux myopes, et cependant quelle tête plus vaste, et quel style plus coloré (a)? De quelque maniere qu'on interroge l'expérience, elle répondra toujours que la plus ou moins grande supériorité des esprits est indépendante de la plus ou moins grande perfection des organes des sens, et que tous les hommes communément bien organisés sont doués par la nature de la finesse de sens nécessaire pour s'élever aux plus grandes découvertes en mathématique, chymie, politique, physique, etc. (b).

(a) On n'a point observé que le sens de la vue fût dans les plus grands peintres de beaucoup supérieur en finesse à celui des autres hommes.

(b) Dans la supposition où le plus ou moins d'esprit dépendît de la finesse plus ou moins grande des sens, il est probable

Si la sublimité de l'esprit supposoit une si grande perfection dans les organes, avant d'engager un homme dans des études difficiles, et de le faire entrer, par exemple, dans la carriere des lettres ou de la politique, il faudroit donc examiner s'il a l'œil de l'ai-

que les diverses températures de l'air, la différence des latitudes et des aliments, auroient quelque influence sur les esprits; qu'en conséquence la contrée la plus favorisée du ciel produiroit les habitants les plus spirituels. Or, depuis le commencement des siecles, comment imaginer que ces habitants n'eussent pas acquis une supériorité marquée sur les autres nations, qu'ils ne se fussent pas donné les meilleures lois, qu'ils n'eussent pas en conséquence été les mieux gouvernés, qu'ils n'eussent pas à la longue asservi les autres nations, et enfin produit en tous les genres le plus grand nombre d'hommes célebres? Le climat générateur d'un tel peu-

gle, le tact de la sensitive, le nez du renard, et l'oreille de la taupe.

Les chiens et les chevaux sont, dit-on, d'autant plus estimés qu'ils sortent de telle ou telle race. Avant d'employer un homme il faudroit donc encore demander s'il est fils.

ple est encore inconnu. L'histoire ne montre en aucun d'eux une constante supériorité d'esprit sur les autres : elle prouve au contraire que, depuis Dehli jusqu'à Pétersbourg, tous les peuples ont été successivement imbécilles et éclairés ; que, dans les mêmes positions, toutes les nations, comme le remarque M. Robertson, ont les mêmes lois, le même esprit ; et qu'on retrouve par cette raison chez les Américains les mœurs des anciens Germains. La différence de la latitude et de la nourriture n'a donc aucune influence sur les esprits ; et peut-être en a-t-elle moins qu'on ne pense sur les corps.

d'un pere spirituel ou stupide. On ne fait aucune de ces questions ; pourquoi? c'est que les peres les plus spirituels n'engendrent souvent que de sots enfants ; c'est que les hommes les mieux organisés n'ont souvent que peu d'esprit, et qu'enfin l'expérience prouve l'inutilité de pareilles questions. Ce qu'elle nous apprend, c'est qu'il est des hommes de génie de toute espece de taille et de tempérament; qu'il en est de sanguins, de bilieux, de flegmatiques, de grands, de petits, de gras, de maigres, de robustes, de délicats, de mélancoliques (2), et que les hommes les plus forts et les plus vigoureux ne sont pas toujours les plus spirituels (a).

(a) M. Rousseau, pages 300 et 323 de son *Émile*, dit : « Plus un enfant est ro-

Mais supposons dans un homme un sens extrêmement fin; qu'arriveroit-il ? Que cet homme éprouveroit des sensations inconnues au commun des hommes ; qu'il sentiroit ce qu'un moindre degré de finesse dans l'organisation ne permet pas aux autres de sentir. En auroit-il plus d'esprit ? Non; parceque ces sensations, toujours stériles jusqu'au moment où l'on les compare, conserveroient tou-

« buste, plus il devient sensé et judi-
« cieux. Pour tirer parti des instruments
« de notre intelligence il faut que le
« corps soit robuste et sain ». La bonne constitution du corps rend les opérations de l'esprit faciles et sûres. Mais que M. Rousseau consulte l'expérience ; il verra que les maladifs, les délicats, et les bossus, ont autant d'esprit que les droits et les bien portants. Pascal, Pope, Boileau, Scarron, en sont la preuve.

jours entre elles les mêmes rapports (a). Supposons l'esprit proportionné à la finesse des sens. Il est des vérités qui ne pourroient être apperçues que de dix ou douze hommes de la terre les mieux organisés. L'esprit humain ne seroit donc point susceptible de perfectibilité. J'ajouterai même que ces hommes si finement organisés parviendront nécessairement dans les sciences à des résultats incommunicables aux hommes ordinaires. On ne connoît point de tels résultats.

Il n'est point de vérités renfermées

(a) Une sensation n'est dans la mémoire qu'un fait de plus, qu'on y peut remplacer par un autre. Or, un fait n'ajoute rien à l'aptitude que les hommes ont à l'esprit, parceque cette aptitude n'est autre chose que le pouvoir d'observer les rapports qu'ont entre eux les objets divers.

dans les ouvrages des Locke et des Newton qui ne soient maintenant saisies de tous les hommes qui, communément bien organisés, n'ont cependant rien de supérieur dans les sens de la saveur, de l'odorat, de la vue, de l'ouïe, et du toucher.

Je pourrois même ajouter (puisqu'il n'est rien de similaire dans la nature) (a) qu'entre les hommes les plus finement organisés il faut qu'à certains égards chacun le soit encore supérieurement aux autres. Tout homme en conséquence devroit donc éprouver des sensations, acquérir des

(a) La dissemblance des êtres existe-t-elle dans leurs germes ou dans leur développement? je l'ignore. Ce qu'il y a de sûr, c'est que la même race de bestiaux se fortifie ou s'affoiblit, s'éleve ou s'abaisse, selon l'espece ou l'abondance des pâturages.

idées incommunicables à ses compatriotes. Il n'est point d'idées de cette espece. Quiconque en a de nettes les transmet facilement aux autres. Il n'en est donc point auxquelles ne puissent atteindre les hommes communément bien organisés.

La cause qui pourroit le plus efficacement influer sur les esprits seroit sans doute la différence des latitudes et de la nourriture. Or, comme je l'ai déja dit, le gras Anglais qui se nourrit de beurre et de viande sous un climat de brouillards n'a certainement pas moins d'esprit que le maigre Espagnol qui ne vit que d'ail et d'oignons dans un climat très sec. M. Schaw, médecin anglais, qui, par la fidélité et l'exactitude de ses observations, ne mérite pas moins notre croyance que par la date peu éloignée de son voyage en Barbarie, dit, au

sujet des Maures : « Le peu de progrès
« de ces peuples dans les arts et dans
« les sciences n'est l'effet d'aucune
« incapacité ou stupidité naturelle.
« Les Maures ont l'esprit délié, et
« même du génie. S'ils ne l'appliquent
« point à l'étude des sciences, c'est
« que, sans motifs d'émulation, leur
« gouvernement ne leur laisse ni la
« liberté ni le repos nécessaire pour
« les cultiver et les perfectionner.
« Les Maures, nés esclaves comme
« la plupart des orientaux, doivent
« être ennemis de tout travail qui n'a
« pas directement leur intérêt per-
« sonnel et présent pour objet. »

Ce n'est qu'à la liberté qu'il appartient d'allumer chez un peuple le feu sacré de la gloire et de l'émulation. S'il est des siecles où, semblables à ces oiseaux rares apportés par un coup de vent, les grands hommes apparoissent tout-à-coup dans un empire, qu'on ne regarde point cette apparition comme l'effet d'une cause physique, mais morale. Dans tout gouvernement où l'on récompensera les talents, ces récompenses, comme les dents du serpent de Cadmus, produiront des hommes. Les grands hommes, quelque chose qu'on ait dit, n'appartiennent ni au regne d'Auguste ni à celui de Louis XIV, mais au regne qui les protege.

Soutient-on que c'est au premier feu de la jeunesse, et, si je l'ose dire, à la fraîcheur des organes, qu'on doit les belles compositions des grands hommes? on se trompe. Racine, avant trente ans, donna l'*Alexandre* et l'*Andromaque*; mais à cinquante il écrivit *Athalie* ; et cette derniere piece n'est certainement pas inférieure aux premieres. Ce ne sont pas même les légeres indispositions qu'occasionne une santé plus ou moins délicate qui peuvent éteindre le génie. On ne jouit pas tous les ans de la même santé ; et cependant l'avocat gagne ou perd tous les ans à-peu-près le même nombre de causes, le médecin tue ou guérit à-peu-près le même nombre de malades, et l'homme de génie, que ne distraient ni les affaires, ni les plaisirs, ni les passions vives, ni les maladies graves, rend tous les ans à-peu-près le même nombre de productions.

Quelque différente que soit la nourriture des nations, la latitude qu'elles habitent, enfin leur tempérament, ces différences n'augmentent ni ne diminuent l'aptitude que les hommes ont à l'esprit. Ce n'est donc ni de la force du corps, ni de la fraîcheur des organes, ni de la plus ou moins grande finesse des sens, que dépend la plus ou moins grande supériorité de l'esprit. Au reste, c'est peu que l'expérience démontre la vérité de ce fait; je puis encore prouver que, si ce fait existe, c'est qu'il ne peut exister autrement, et qu'ainsi c'est dans une cause encore inconnue qu'il faut chercher l'explication du phénomene de l'inégalité des esprits.

Pour confirmer la vérité de cette opinion, je crois qu'après avoir démontré que dans les hommes tout est sentir, il faut penser que, s'ils different entre eux, ce n'est jamais que dans la nuance de leurs sensations.

CHAPITRE XIII.

De la maniere différente de sentir.

LES hommes ont des goûts différents ; mais ces goûts peuvent être également l'effet ou de leur habitude et de leur éducation diverse, ou de l'inégale finesse de leur organisation. Que le Negre, par exemple, se sente plus de desir pour le teint noir d'une beauté africaine que pour les lis et les roses de nos Européennes, c'est en lui l'effet de l'habitude. Que l'homme, selon le pays qu'il habite, soit plus ou moins sensible à tel ou tel genre de musique, et devienne en conséquence susceptible de telles ou telles impressions, c'est encore un effet de l'habitude. Tous les goûts factices et produits par une éducation différente ne sont point ici l'objet de mon examen : je n'y traiterai que de la différence des goûts occasionnée par la pure différence des sensations reçues à la présence des mêmes objets.

Pour savoir exactement quelle peut être cette différence, il faudroit avoir été successivement soi et les autres. Or on n'a jamais été que soi. Ce n'est donc qu'en considérant avec une très grande attention les impressions diverses que les mêmes objets paroissent faire sur les différents hommes qu'on peut parvenir à quelque découverte. S'examine-t-on soi-même sur ce point ? on sent que si son voisin voyoit quarré ce qu'on voit rond, si le lait paroissoit blanc à l'un et rouge à l'autre, et qu'enfin certains hommes n'apperçussent qu'un chardon dans une rose et que deux monstres dans une d'Egmont et une Forcalquier, il seroit impossible que les hommes pussent s'entendre et se communiquer leurs idées. Or ils s'entendent et se les communiquent. Les mêmes objets excitent donc en eux à-peu-près les mêmes impressions.

Pour jeter plus de clarté sur cette question, voyons dans un même exemple en quoi les hommes different et se ressemblent.

Ils se ressemblent tous en ce point : c'est que tous veulent se soustraire à l'ennui ; c'est qu'en conséquence tous veulent être émus ; c'est que, plus une impression est vive, plus elle leur est agréable, si cette impression néanmoins n'est pas portée jusqu'au terme de la douleur.

Ils different en ceci ; c'est que le degré d'émotion que l'un regarde comme l'excès du plaisir est quelquefois pour l'autre un commencement de douleur. L'œil de mon ami peut être blessé du degré de lumiere qui m'est agréable, et cependant lui et moi convenir que la lumiere est le plus bel objet de la nature. Or d'où vient cette uniformité de jugement avec cette différence dans la sensation? De ce que cette différence est peu considérable, et de ce qu'une vue tendre éprouve, dans un plus foible degré de lumiere, le même plaisir qu'une vue forte ressent à la clarté d'un plus grand jour. Que je passe du physique au moral, j'apperçois encore moins de différence dans la maniere dont les hommes sont affectés des mêmes objets, et je retrouve en conséquence chez les Chinois (a)

(a) Dans tout ce qui n'a point un rapport immédiat et particulier aux mœurs et au gouvernement oriental, point de

tous les proverbes de notre Europe. D'où je conclus que de légeres différences dans l'organisation des divers peuples ne doivent être comptées pour rien, puisqu'en comparant les mêmes objets tous les peuples parviennent aux mêmes résultats.

L'invention des mêmes arts partout où l'on a eu les mêmes besoins, où ces arts ont été également encouragés par le gouvernement, est une nouvelle preuve de l'égalité essentielle des esprits. Pour confirmer cette vérité, je pourrois encore citer la ressemblance apperçue entre les lois et les gouvernements des divers peuples. L'Asie, dit M. Poivre, peuplée en grande partie par les Malais, est gouvernée par nos anciennes lois féodales. Le Malais, comme nos an-

proverbes plus semblables que les proverbes allemands et chinois.

cêtres, n'est point agricole, mais il a, comme eux, la valeur la plus déterminée (a) et la plus téméraire. Le courage n'est donc point un effet particulier de l'organisation européenne. Les hommes sont plus semblables entre eux qu'on ne l'imagine. S'ils different, c'est dans la nuance de leurs sensations. La poésie, par exemple, fait sur presque tous une impression agréable. Chacun récite avec un

(a) Si les Malais, dit M. Poivre, eussent été plus voisins de la Chine, cet empire eût été bientôt conquis, et la forme de son gouvernement changée. Rien, dit cet auteur, n'égale l'amour des Malais pour le pillage et la rapine. Mais sont-ils les seuls peuples voleurs? Qui lit l'histoire apprend que cet amour du vol est malheureusement commun à tous les hommes; il est fondé sur leur paresse. En général ils aiment mieux vivre de rapines,

enthousiasme presque égal cet hymne à la lumiere qui commence le troisieme chant du Paradis perdu. Mais si ce morceau admiré de tous plaît également à tous, c'est que, peignant les magnifiques effets de la lumiere, le poëte se sert d'un mot qui, n'exprimant aucune nuance de jour en particulier, permet à chacun de colorer les objets de la teinte de lumiere la plus agréable à ses yeux. Soit : mais cependant si la lumiere ne faisoit pas

d'incursions, et s'exposer trois ou quatre mois de l'année aux plus grands dangers, que de s'assujettir aux travaux journaliers de la culture. Mais pourquoi tous les peuples ne sont-ils pas voleurs? C'est que, pour voler, il faut être environné de nations volables, c'est-à-dire de peuples agriculteurs et riches; faute de quoi un peuple n'a que le choix de labourer ou de mourir de faim.

sur tous une impression vive et forte, seroit-elle universellement regardée comme l'objet le plus admirable de la nature? Le tourbillon de feu où presque toutes les nations ont placé le trône de la divinité ne prouve-t-il pas l'uniformité d'impressions (a) reçues à la présence des mêmes objets? Sans cette uniformité, que des philosophes peu exacts ont prise pour la notion du beau et du bon absolu, sur

(a) Pour preuve de la différence des sensations éprouvées à la vue des mêmes objets on cite l'exemple des peintres qui donnent une teinte de jaune ou de gris à toutes leurs figures. Si ce défaut dans leur coloris étoit l'effet d'un vice dans l'organe de leurs yeux, et qu'ils vissent réellement du jaune et du gris dans tous les objets, ils en verroient aussi dans le blanc de leur palette, et peindroient blanc, quoiqu'ils vissent gris.

quel fondement eût-on établi les regles du goût ?

Les simples et magnifiques tableaux de la nature frappent tous les hommes. Ces tableaux font-ils sur chacun d'eux précisément la même impression ? non, mais, comme l'expérience le prouve, une impression à-peu-près semblable. Aussi les objets extrêmement agréables aux uns sont-ils toujours plus ou moins agréables aux autres. En vain répéteroit-on que l'uniformité d'impressions produites par la beauté des descriptions de la poésie n'est qu'apparente ; qu'elle est en partie l'effet de la signification incertaine des mots, et d'un vague dans les expressions parfaitement correspondant aux diverses sensations éprouvées à l'aspect des mêmes objets. En admettant ce fait, il seroit encore vrai qu'il est des ouvrages généralement estimés, et par conséquent des regles de goût dont l'observation produit sur tous la sensation du beau. Qu'on examine profondément cette question, et l'on appercevra dans la maniere différente dont les hommes sont affectés des mêmes objets, que cette différence d'impression appartient moins encore à leur physique qu'à leur moral.

CHAPITRE XIV.

La petite différence apperçue entre nos sensations n'a nulle influence sur les esprits.

Les hommes à la présence des mêmes objets peuvent sans doute éprouver des sensations différentes; mais peuvent-ils en conséquence appercevoir des rapports différents entre ces mêmes objets? Non; et supposé, comme je l'ai dit ailleurs, que la neige parût aux uns d'une nuance plus blanche qu'aux autres, tous conviendroient également que la neige est le plus blanc de tous les corps.

Pour que les hommes apperçussent des rapports différents entre les mêmes objets, il faudroit que ces objets excitassent en eux des impressions d'une nature tout-à-fait particuliere; que le charbon en feu glaçât les uns; que l'eau condensée par le froid brûlât les autres; que tous les objets de la nature s'offrissent à chaque individu dans une chaîne de rapports tout-à-fait différente; et qu'enfin les hommes fussent les uns à l'égard des autres ce qu'ils sont par rapport à ces insectes dont les yeux taillés en facettes voient les objets sous des formes sans contredit très diverses.

Dans cette supposition, les individus n'auroient nulle analogie dans leurs idées et leurs sentiments. Les hommes ne pourroient ni se communiquer leurs lumieres, ni perfectionner leur raison, ni travailler en commun à l'immense édifice des arts et des sciences. Or l'expérience prouve que les hommes font tous les jours de nouvelles découvertes, qu'ils se communiquent leurs idées, et que les arts et les sciences se perfectionnent. Les hommes apperçoivent donc les mêmes rapports entre les objets.

La jouissance d'une belle femme peut porter dans l'ame de mon voisin plus d'ivresse que dans la mienne; mais cette jouissance est pour moi comme pour lui le plus vif des plaisirs. Que deux hommes reçoivent le même coup, ils éprouvent peut-être deux impressions différentes : mais qu'on double, triple, quadruple la violence de ce coup ; la douleur qu'ils ressentiront sera dans chacun d'eux pareillement double, triple, quadruple.

Supposons la différence de nos sensations à l'aspect des mêmes objets plus considérable qu'elle ne l'est réellement ; il est évident que les objets, conservant entre eux les mêmes rapports, nous frapperoient dans une proportion toujours constante et uniforme. Mais, dira-t-on, cette différence dans nos sensations ne peut-elle changer nos affections morales, et ce changement produire et la différence et l'inégalité des esprits ? Je réponds à cette objection que toute diversité d'affection (a) occasionnée

———

(a) Les seules affections dont l'influence

par quelque différence dans l'organisation physique n'a, comme l'expérience le prouve, nulle influence sur les esprits. On peut donc préférer le verd au jaune, et, comme d'Alembert et Clairaut, être également grand géometre : on peut donc, avec des palais inégalement délicats, être également bon poëte, bon dessinateur, bon physicien. On peut donc enfin, avec un goût pour le doux ou le salé, le lait ou l'anchois, être également grand orateur et grand médecin, etc.— Tous ces goûts divers ne sont en nous que des faits isolés et stériles. Il en est de même de nos idées jusqu'au moment où on les compare entre elles. Or, pour se donner la peine de les

sur les esprits soit sensible sont les affections dépendantes de l'éducation et des préjugés.

comparer il faut y être excité par quelque intérêt. Cet intérêt donné et ces idées comparées, pourquoi les hommes parviennent-ils aux mêmes résultats? c'est que, malgré la différence de leurs affections et l'inégale perfection de leurs organes, tous peuvent s'élever aux mêmes idées. En effet, tant que l'échelle des proportions dans laquelle les objets nous frappent n'est pas rompue, nos sensations conservent toujours entre elles le même rapport. Une rose d'une couleur très foncée, et comparée à une autre rose, paroît foncée à tous les yeux. Nous portons les mêmes jugements sur les mêmes objets ; nous pouvons donc toujours acquérir le même nombre d'idées, par conséquent la même étendue d'esprit.

Les hommes communément bien organisés sont comme certains corps sonores qui, sans être exactement les mêmes, rendent cependant le même nombre de sons (a).

(a) Certains corps sonores rendent le même nombre de sons, mais non des sons du même genre : il en est de même de notre esprit. Il rend, si je l'ose dire, des idées ou des images également belles, mais différentes, selon les objets divers dont le hasard a chargé notre mémoire.

N'ai-je présent à mon souvenir que les neiges, les glaçons, les tempêtes du nord, que les laves enflammées du Vésuve ou de l'Hécla ? avec ces matériaux quel tableau composer ? Celui des montagnes qui défendent l'entrée des jardins d'Armide. Mais si ma mémoire, au contraire, ne me rappelle que des images riantes, que les fleurs du printemps, les ondes argentées des ruisseaux, la mousse des gazons, et le dais odoriférant des orangers, que composerai-je avec ces objets agréables ? Le bosquet où l'Amour enchaîne Renaud.

Les hommes appercevant donc toujours les mêmes rapports entre les mêmes objets, l'inégale perfection de leurs sens ne doit avoir nulle influence sur leurs esprits. Rendons cette vérité plus frappante en attachant une idée nette au mot *Esprit*.

Le genre de nos idées et de nos tableaux ne dépend donc point de la nature de notre esprit, le même dans tous les hommes, mais de l'espece d'objets que le hasard grave dans leur mémoire, et de l'intérêt qu'ils ont de les combiner.

CHAPITRE XV.

De l'esprit.

Qu'est-ce que l'esprit en lui-même ? *L'aptitude à voir les ressemblances et les différences, les convenances et les disconvenances qu'ont entre eux les objets divers.* Mais quel est dans l'homme le principe productif de son esprit ? Sa sensibilité physique, sa mémoire, et sur-tout l'intérêt qu'il a de combiner ses sensations entre elles (a).

(a) Supposons qu'en chaque genre de science et d'art les hommes eussent comparé entre eux tous les objets et tous les faits déja connus, et qu'ils fussent enfin parvenus à découvrir tous leurs divers rapports; les hommes alors n'ayant plus de nouvelles combinaisons à faire, ce qu'on appelle l'*esprit* n'existeroit plus;

L'esprit n'est donc en lui que *le résultat de ses sensations comparées;* et le bon esprit consiste dans la justesse de leur comparaison.

Tous les hommes, il est vrai, n'éprouvent pas précisément les mêmes sensations; mais tous sentent les objets dans une proportion toujours la même. Tous ont donc une égale aptitude à l'esprit.

En effet, si, comme l'expérience le prouve, chaque homme apperçoit les mêmes rapports entre les mêmes objets; si chacun d'eux convient de la vérité des propositions géométriques;

alors tout seroit science; et l'esprit humain, nécessité à se reposer jusqu'à ce que la découverte des faits inconnus lui permît de nouveau de les comparer et de les combiner entre eux, seroit la mine épuisée qu'on laisse reposer jusqu'à la formation de nouveaux filons.

si d'ailleurs nulle différence dans la nuance de leurs sensations ne change leur maniere de voir ; si (pour en donner un exemple sensible), au moment où le soleil s'éleve du sein des mers, tous les habitants des mêmes côtes, frappés au même instant de l'éclat de ses rayons, le reconnoissent également pour l'astre le plus brillant de la nature, il faut avouer que tous les hommes portent ou peuvent porter les mêmes jugements sur les mêmes objets ; qu'ils peuvent atteindre aux mêmes vérités (a) ; et

(a) Pour atteindre à certaines idées il faut méditer. C'est la méditation qui seule peut nous révéler ces vérités premieres, générales, les clefs et les principes des sciences. C'est à la découverte de ces vérités qu'on devra toujours le titre de grand philosophe ; parcequ'en tout genre de science ce sera toujours la généralité des

qu'enfin si tous n'ont pas dans le fait également d'esprit, tous du moins en ont également en puissance, c'est-à-dire en aptitude à en avoir.

Je n'insisterai pas davantage sur cette question, je me contenterai de rapporter à ce sujet une observation que j'ai déja faite dans le livre de l'*Esprit*. Elle est vraie.

Qu'on présente, dis-je, à divers hommes une question simple, claire, et sur la vérité de laquelle ils soient indifférents; tous porteront le même jugement (a), parceque tous appercevront les mêmes rapports entre les mêmes objets. Tous sont donc

principes, l'étendue de leur application, et enfin la grandeur des ensembles, qui constituera le génie philosophique.

(a) Les hommes sont-ils d'avis différent sur la même question ? cette différence est toujours l'effet, ou de ce qu'ils ne s'en-

nés avec l'esprit juste. Or il en est du mot *esprit juste* comme de celui d'*humanité éclairée*. Cette espece d'humanité condamne-t-elle un assassin au supplice? elle ne s'occupe en cet instant que du salut d'une infinité de citoyens honnêtes. L'idée de justice, et par conséquent de presque toutes les vertus, se trouve donc comprise dans la signification étendue du mot *humanité*. Il en est de même du mot *esprit juste*. Cette expression, prise dans sa signification étendue, renferme pareillement toutes les différentes sortes d'esprit: ce qu'au moins on peut assurer, c'est qu'en nous si

tendent pas, ou de ce qu'ils n'ont pas les mêmes objets présents à leurs yeux et à leur souvenir, ou enfin de ce qu'indifférents à la question même ils mettent peu d'intérêt à son examen, et peu d'importance à leur jugement.

tout est sensation et comparaison entre nos sensations, il n'est d'autre sorte d'esprit que celui qui compare, et compare juste.

Mais, dira-t-on, si l'on regarde le témoignage universel rendu à la vérité des propositions géométriques comme une preuve démonstrative que tous les hommes communément bien organisés apperçoivent les mêmes rapports entre les objets, pourquoi ne pas regarder pareillement la différence d'opinions en matiere de morale, politique, et métaphysique, comme la preuve qu'au moins dans ces dernieres sciences les hommes n'apperçoivent plus les mêmes rapports entre les mêmes objets ?

CHAPITRE XVI.

Cause de la différence d'opinions en morale, politique, et métaphysique.

La marche de l'esprit humain est toujours la même. L'application de l'esprit à tel ou tel genre d'étude ne change point cette marche. Les hommes apperçoivent-ils dans certaines sciences les mêmes rapports entre les objets qu'ils comparent? ils doivent nécessairement appercevoir ces mêmes rapports dans toutes. Cependant l'observation ne s'accorde point avec le raisonnement. Mais cette contradiction n'est qu'apparente. La vraie cause en est facile à découvrir. En la cherchant, on voit, par exemple, que, si tous les hommes conviennent de la vérité des démonstrations géométriques, c'est qu'ils sont indifférents à la vérité ou à la fausseté de ces démonstrations; c'est qu'ils attachent, non seulement des idées nettes, mais encore les mêmes idées, aux mots employés dans cette science; c'est qu'enfin ils se font la même image du cercle, du quarré, du triangle, etc. : au contraire, en morale, politique, et métaphysique, si les opinions des hommes sont très différentes, c'est qu'ils n'ont pas toujours intérêt de voir les choses telles qu'elles sont réellement; c'est qu'ils n'ont souvent que des idées obscures et confuses des questions qu'ils traitent; c'est qu'ils pensent plus souvent d'après les autres que d'après eux; c'est qu'enfin ils n'attachent point les mêmes idées aux mêmes mots.

Je choisis pour exemple ceux de *bon*, *intérêt*, et *vertu*.

Du mot BON.

Prend-on ce mot dans toute l'étendue de sa signification? pour s'assurer si les hommes peuvent s'en former la même idée, sachons la maniere dont l'enfant l'acquiert.

Pour fixer son attention sur ce mot, on le prononce en lui montrant quelque sucrerie, ou ce qu'on appelle des *bonbons*. Ce mot, pris dans sa signification la plus simple, n'est d'abord appliqué qu'à ce qui flatte le goût de l'enfant et excite une sensation agréable dans son palais.

Veut-on ensuite donner à ce mot une idée un peu plus étendue? on l'applique indifféremment à tout ce qui plaît à cet enfant, c'est-à-dire à l'animal, à l'homme, au camarade, avec lequel il joue et s'amuse. En général, tant qu'on n'attache cette expression qu'à des objets physiques, tels sont, par exemple, une étoffe, un outil, une denrée, les hommes s'en forment à-peu-près la même idée ; et cette expression rappelle, du moins confusément, à leur mémoire l'idée de tout ce qui peut être immédiatement bon pour eux (a).

Prend-on enfin ce mot dans une signification encore plus étendue ? l'applique-t-on à la morale et aux actions humaines ? on sent qu'alors cette expression doit nécessairement renfermer l'idée de quelque utilité publique ; et que, pour convenir en ce genre de ce qui est bon, il faut être précédem-

(a) C'est de cet adjectif *bon* qu'on a fait le substantif *bonté*, pris par tant de gens pour un être réel, ou du moins pour une qualité inhérente à certains objets.

ment convenu de ce qui est utile. Or, la plupart des hommes ignorent même que l'avantage général soit la mesure de la bonté des actions humaines.

Faute d'une éducation saine, les hommes n'ont de la bonté morale que des idées obscures. Ce mot *bonté*, arbitrairement employé par eux, ne rappelle à leur souvenir que les diverses applications qu'ils en ont entendu faire (3); applications toujours différentes et contradictoires, selon la diversité et des intérêts et des positions de ceux avec lesquels ils vivent. Pour convenir universellement de la signification du mot *bon* appliqué à la morale, il faudroit qu'un excellent dictionnaire en eût déterminé le sens précis. Jusqu'à la rédaction de cet ouvrage, toute dispute sur ce sujet est interminable. Il en est de même du mot *intérêt*.

INTÉRÊT.

Parmi les hommes, peu sont honnêtes ; et le mot *intérêt* doit en conséquence réveiller dans la plupart d'entre eux l'idée d'un intérêt pécuniaire, ou d'un objet aussi vil et aussi méprisable. Une ame noble et élevée en a-t-elle la même idée? Non ; ce mot lui rappelle uniquement le sentiment de l'amour de soi. Le vertueux n'apperçoit dans l'*intérêt* que le ressort puissant et général qui, moteur de tous les hommes, les porte tantôt au vice, tantôt à la vertu. Mais les jésuites attachoient-ils à ce mot une idée aussi étendue lorsqu'ils combattoient mon opinion? Ce que je sais, c'est qu'alors banquiers, commerçants, banqueroutiers, ils devoient avoir perdu de vue toute idée d'intérêt noble ; c'est que ce mot ne devoit réveiller en eux que l'idée d'intrigue et d'intérêt pécuniaire.

Or, un si vil intérêt leur ordonnoit de poursuivre un homme persécuté, même en adoptant en secret ses opinions. La preuve en est un ballet donné à Rouen en 1750, dont l'objet étoit de montrer que *le plaisir forme la jeunesse aux vraies vertus*, c'est-à-dire, *premiere entrée, aux vertus civiles; seconde entrée, aux vertus guerrieres; troisieme entrée, aux vertus propres à la religion*. Ils avoient dans ce ballet prouvé cette vérité par des danses. La Religion personnifiée y avoit un pas de deux avec le Plaisir; « et, pour rendre le Plaisir plus pi- « quant, disoient alors les jansénistes, « les jésuites l'ont mis en culotte ». Or, si le plaisir, selon eux, peut tout sur l'homme, que ne peut sur lui l'intérêt? Tout intérêt ne se réduit-il pas en nous à la recherche du plaisir?

Plaisirs et douleurs sont les moteurs de l'univers. Dieu les a déclarés tels à la terre en créant le paradis pour les vertus, et l'enfer pour les crimes. L'église catholique elle-même en est convenue, lorsque, dans la dispute de MM. Bossuet et Fénélon, elle décida qu'on n'aimoit point Dieu pour lui-même, c'est-à-dire indépendamment des peines et des récompenses dont il est le dispensateur. On a donc toujours été convaincu que l'homme, mu par le sentiment de l'amour de soi, n'obéit jamais qu'à la loi de son intérêt (a).

(a) Le guerrier veut-il s'avancer? il desire la guerre. Mais qu'est-ce que le souhait de la guerre dans l'officier subalterne? C'est le souhait d'une augmentation de six ou sept cents francs d'appointements, le souhait de la dévastation des empires,

Que prouve sur ce sujet la diversité d'opinions? Rien, sinon qu'on ne s'entend point. L'on ne s'entend guere mieux lorsqu'on parle de vertu.

VERTU.

Ce mot rappelle souvent des idées très différentes, selon l'état et la position où l'on se trouve, la société où l'on vit, le pays et le siecle où l'on naît. Que, dans la coutume de Normandie, un cadet profitât, comme Jacob, de la faim ou de la soif de son frere pour lui ravir son droit d'aînesse ; ce seroit un frippon, déclaré tel dans tous les tribunaux. Qu'un homme, à l'exemple de David, fît périr le mari de sa maîtresse ; on ne le citeroit point au nombre des vertueux, mais des scélérats. On auroit beau dire qu'il a fait une bonne fin : les assassins en font quelquefois une pareille, et ne sont point donnés pour des modeles de vertu.

Jusqu'à ce qu'on ait attaché des idées nettes à ce mot, on dira donc toujours de la vertu ce que les pyrrhoniens disoient de la vérité : « Elle est, comme « l'orient, différente, selon le point « de vue d'où on la considere. »

Dans les premiers siecles de l'église, les chrétiens étoient en horreur aux nations ; ils craignoient de n'être point tolérés. Que prêchoient-ils alors ? L'indulgence, et l'amour du prochain. Le mot *vertu* rappeloit alors à leur mémoire l'idée d'humanité et de douceur. La conduite de leur maître les confirmoit dans cette idée. Jésus, doux avec les esséniens, les Juifs, et les païens, ne portoit point de haine aux Romains. Il pardonnoit aux Juifs leurs injures, à Pilate ses injustices; il recommandoit par-tout la charité. En est-il de même aujourd'hui? Non. La haine du prochain, la barbarie, sous les noms de zele et de police, sont en France, en Espagne, et en Portugal, maintenant comprises dans l'idée de vertu.

L'église naissante, quelle que fût la religion d'un homme, honoroit en lui la probité, et s'occupoit peu de sa croyance. « Celui-là, dit S. Justin, « est chrétien qui est vertueux, fût-il « d'ailleurs athée » : *et quicumque secundum rationem et verbum vixere, christiani sunt, quamvis athei.*

Jésus préféroit dans ses paraboles l'incrédule samaritain au dévot pharisien (a). S. Paul n'étoit guere plus

(a) Jésus se déclare par-tout ennemi des

difficile que Jésus et S. Justin. Cornélius (chap. X, v. 2 des *Actes des apôtres*) est cité comme un homme religieux, parcequ'il étoit honnête (5); néanmoins il n'étoit pas encore chrétien. Il est dit pareillement d'une certaine Lidie (chap. XVI, v. 14 des mêmes *Actes*) qu'elle servoit Dieu; elle n'avoit cependant pas encore entendu S. Paul, et ne s'étoit point convertie.

Du temps de Jésus, l'ambition et la vanité n'étoient point comptées parmi les vertus; le royaume de Dieu n'étoit pas de ce monde: Jésus n'avoit

prêtres juifs. Il leur reproche par-tout leur avarice et leur cruauté. Jésus fut puni de sa véracité. Ô prêtres catholiques, vous êtes-vous montrés moins barbares que les prêtres juifs? et le sincere adorateur de Jésus vous doit-il moins de haine?

desiré ni richesses, ni titres, ni crédit, en Judée; il ordonnoit à ses disciples d'abandonner leurs biens pour le suivre. Quelles idées a-t-on maintenant de la vertu ? Point de prélat catholique qui ne brigue des titres, des honneurs; point d'ordre religieux qui ne s'intrigue dans les cours, qui ne fasse le commerce, qui ne s'enrichisse par la banque. Jésus et ses apôtres n'avoient pas cette idée de l'honnêteté.

Du temps de ces derniers, la persécution ne portoit point encore le nom de charité: les apôtres n'excitoient point Tibere à emprisonner le gentil ou l'incrédule : celui qui dans ce siecle eût voulu s'asservir les opinions d'autrui, régner par la terreur, élever le tribunal de l'inquisition, brûler ses semblables, et s'en approprier les richesses, eût été déclaré infâme : on n'eût point lu sans horreur les sentences dictées par l'orgueil, l'avarice, et la cruauté sacerdotale. Aujourd'hui, l'orgueil, l'avarice et la cruauté, sont, dans les pays d'inquisition, mis au rang des vertus.

Jésus haïssoit le mensonge ; il n'eût donc point, comme l'église, obligé Galilée de venir, la torche au poing, rétracter aux autels du Dieu de vérité celles qu'il avoit découvertes. L'église n'est plus ennemie du mensonge ; elle canonise les fraudes pieuses (6).

Jésus, fils de Dieu, étoit humble (7) ; et son orgueilleux vicaire prétend commander aux souverains, légitimer à son gré le crime, rendre les assassinats méritoires : il a béatifié Clément. Sa vertu n'est donc pas celle de Jésus.

L'amitié, honorée comme vertu chez les Scythes, n'est plus regardée comme telle dans les monasteres ; la regle l'y rend même criminelle (8). Le vieillard malade et languissant dans sa cellule y est délaissé par l'amitié et l'humanité. Eût on fait aux moines un précepte de la haine mutuelle, il ne seroit pas plus fidèlement observé dans le cloître.

Jésus vouloit qu'on rendît à César ce qui appartient à César ; il défendoit de s'emparer par ruse ou par force du bien d'autrui. Mais le mot de vertu, qui rappeloit alors à la mémoire l'idée de justice, ne la rappeloit plus du temps de S. Bernard, lorsqu'à la tête des croisés il ordonnoit aux nations de déserter l'Europe pour ravager l'Asie, pour détrôner les sultans, et briser des couronnes sur lesquelles ces nations n'avoient aucun droit.

Lorsque, pour enrichir son ordre, ce saint promettoit cent arpents dans le ciel à qui lui en donneroit dix sur la terre; lorsque, par cette promesse ridicule et frauduleuse, il s'approprioit le patrimoine d'un grand nombre d'héritiers légitimes, il falloit que l'idée de vol et d'injustice fût alors comprise dans la notion de vertu (9).

Quelle autre idée pouvoient s'en former les Espagnols lorsque l'église leur permettoit d'attaquer Montézuma et les incas, de les dépouiller de leurs richesses, et de s'asseoir sur les trônes du Mexique et du Pérou? Les moines, maîtres alors de l'Espagne, eussent pu la forcer de restituer aux Mexicains et aux Péruviens (10) leur or, leur liberté, leur pays, et leur prince; ils pouvoient du moins hautement condamner la conduite des Espagnols. Que firent alors les théologiens? Ils se turent. Ont-ils en d'autres temps montré plus de justice? Non.

Le P. Hennepin, récollet, répete sans cesse qu'il n'est qu'un seul moyen de convertir les sauvages, c'est de les réduire à l'esclavage (a). Un moyen aussi injuste, aussi barbare, se fût-il présenté au récollet Hennepin si les théologiens actuels avoient de la vertu les mêmes idées que Jésus? S. Paul dit expressément que la persuasion est la seule arme que l'on puisse employer à la conversion des gentils. Quel homme recourroit à la violence pour prouver les vérités géométriques? Quel homme ne sait pas que la vertu se recommande d'elle-même? Quel est donc le cas où l'on peut faire usage des prisons, des tortures, et des bûchers? Lorsqu'on prêche le crime, l'erreur, et l'absurdité.

(a) Voyez *Description des mœurs des sauvages de la Louisiane*, page 105.

C'est le fer en main que Mahomet prouvoit la vérité de ses dogmes. Une religion, disoient alors les chrétiens, qui permet à l'homme de forcer la croyance de l'homme est une religion fausse. Ils condamnoient Mahomet dans leurs discours, et le justifioient par leur conduite; ce qu'ils appeloient vice en lui, ils l'appeloient vertu en eux. Croiroit-on que le musulman, si dur dans ses principes, fût dans ses mœurs plus doux que le catholique? Faut-il que le Turc soit tolérant envers le chrétien (11), l'incrédule, le Juif, le gentil; et que le moine, à qui sa religion fait un devoir de l'humanité, brûle en Espagne ses semblables, et précipite en France dans les cachots le janséniste et le déiste?

Le chrétien commettroit-il autant d'abominations s'il avoit de la vertu les mêmes idées que le fils de Dieu, et si le prêtre, docile aux seuls conseils de son ambition, n'étoit sourd à ceux de l'évangile (12)?

CHAPITRE XVII.

La vertu ne rappelle au clergé que l'idée de sa propre utilité.

Si presque tous les corps religieux, dit l'illustre et malheureux procureur-général du parlement de Bretagne, sont, par leur institution, animés d'un intérêt contraire au bien public, comment se formeroient-ils des idées saines de la vertu? Parmi les prélats il est peu de Fénélons (13); peu d'entre eux ont ses vertus, son humanité, et son désintéressement. Parmi les moines on compte peut-être beaucoup de saints, mais peu d'honnêtes gens.

Tout corps religieux est avide de richesses et de pouvoir ; nulle borne à son ambition : cent bulles ridicules rendues par les papes en faveur des jésuites en sont la preuve. Mais si le jésuite est ambitieux, l'église l'est-elle moins ? Qu'on ouvre l'histoire, c'est-à-dire celle des erreurs et des disputes des peres, des entreprises du clergé, et des crimes des papes, partout on voit la puissance spirituelle, ennemie de la temporelle (a), oublier que son royaume n'est pas de ce monde, tenter par des efforts toujours nouveaux de s'emparer des richesses et du pouvoir de la terre, vouloir non

(a) L'église, en se déclarant seule juge de ce qui est péché ou non péché, crut à ce titre pouvoir s'attribuer la souveraine puissance et la suprême juridiction. En effet, si nul n'a droit de punir une bonne action et d'en récompenser une mauvaise,

seulement enlever à César ce qui est à César, mais vouloir frapper impunément César. S'il étoit possible que des catholiques superstitieux conservassent quelque idée du juste et de l'injuste, ces catholiques, révoltés à la lecture d'une pareille histoire, auroient le sacerdoce en horreur.

Un prince a-t-il promis telle année la suppression de tel impôt? l'année révolue, manque-t-il hautement à sa parole? pourquoi l'église ne lui reproche-t-elle pas publiquement la violation de cette parole? C'est qu'indifférente au bonheur public, à la justice, à l'humanité, elle ne s'occupe

le juge de leur bonté ou de leur méchanceté est le seul juge légitime d'une nation; les magistrats et les princes ne sont plus que les exécuteurs de ses sentences; leur fonction se réduit à celle de bourreau.

uniquement que de son intérêt. Que le prince soit tyran, elle l'absout ; mais qu'il soit ce qu'elle appelle hérétique, elle l'anathématise, elle le dépose, elle l'assassine. Qu'est-ce cependant que le crime d'hérésie ? Ce mot *hérésie*, prononcé par un homme sage et sans passion, ne signifie autre chose qu'*opinion particuliere*. Est-ce d'une telle église qu'il faut attendre des idées nettes de l'équité ? A quelle cause, si ce n'est à l'intérêt du prêtre, attribuer les décisions contradictoires de la Sorbonne ? Sans cet intérêt, eût-elle soutenu dans un temps, et toléré dans tous, la doctrine régicide des jésuites ?

Il est vrai qu'en recevant cette doctrine ses docteurs ont montré plus de sottise que de méchanceté. Qu'ils soient sots, j'y consens ; mais peut-on les supposer honnêtes lorsque l'on considere la fureur avec laquelle ils se sont élevés contre les livres des philosophes, et le silence qu'ils ont gardé sur ceux des jésuites? En approuvant dans leur assemblée la morale de ces religieux, ou les docteurs la jugeoient saine sans l'avoir examinée (14), (en ce cas quelle opinion avoir de juges si étourdis?) ou ils la jugeoient saine après l'avoir examinée et reconnue telle, (en ce cas quelle opinion avoir de juges aussi ignorants?) ou ces docteurs enfin, après l'avoir examinée et l'avoir trouvée mauvaise, l'approuvoient par crainte (15), intérêt, ou ambition, (en ce dernier cas quelle opinion avoir de juges aussi frippons?)

Ce n'est donc plus aux sorbonnistes à prétendre au titre de moralistes; ils en ignorent jusqu'aux principes. L'inscription de quelques cadrans solaires, *Quod ignoro doceo, Ce que j'en-*

seigne je l'ignore, devroit être la devise de la Sorbonne. Ses docteurs sont des guides infideles qui n'ont d'idées de la vertu que celle de leur intérêt: et cet intérêt varie selon les temps; au lieu que la vraie vertu est la même dans tous les siecles et les pays (16). C'est conséquemment à son intérêt que le prêtre a par-tout sollicité le privilege exclusif de l'instruction publique. Des comédiens français élevent un théâtre à Séville; le chapitre et le curé le font abattre. Ici, leur dit un des chanoines, notre troupe n'en souffre point d'autre.

Ô homme, s'écrioit autrefois un sage, qui saura jamais jusqu'où tu portes la folie et la sottise? Le théologien le sait, en rit, et en tire bon parti.

Sous le nom de religion, ce fut donc toujours l'accroissement de ses richesses et de son autorité que le théologien poursuivit (a). Qu'on ne s'étonne donc point si ses maximes changent selon sa position, s'il n'a plus maintenant de la vertu les idées qu'il en avoit autrefois, et si la morale de Jésus n'est plus celle de ses ministres.

Ce n'est point uniquement la secte catholique, mais toutes les sectes et tous les peuples, qui, faute d'idées nettes de la probité, en ont eu, selon les siecles et les pays divers, des notions très différentes (17).

(a) Pourquoi tout moine, qui défend avec un emportement ridicule les faux miracles de son fondateur, se moque-t-il de l'existence attestée des vampires ? C'est qu'il est sans intérêt pour le croire. Otez l'intérêt, reste la raison ; et la raison n'est pas crédule.

CHAPITRE XVIII.

Des idées différentes que les divers peuples se sont formées de la vertu.

En orient, et sur-tout en Perse, le célibat est un crime. Rien, disent les Persans, de plus contraire aux vues de la nature et du créateur que le célibat. L'amour est un besoin physique, une sécrétion nécessaire. Doit-on, par le vœu d'une continence perpétuelle, s'opposer au vœu de la nature? Le Dieu qui créa en nous des organes ne fit rien d'inutile, il voulut qu'on en fît usage.

Le sage législateur d'Athenes, Solon, faisoit peu de cas de la chasteté monacale (18). Si dans ses lois, dit Plutarque, il défendit expressément aux esclaves de se parfumer et d'aimer les jeunes gens, c'est, ajoute cet historien, que, même dans l'amour grec, Solon n'appercevoit rien de déshonnête. Mais ces fiers républicains, qui se livroient sans honte à toutes sortes d'amours, ne se fussent point abaissés au vil métier d'espion et de délateur; ils n'eussent point trahi l'intérêt de la patrie, ni attenté à la propriété des biens et à la liberté de leurs concitoyens. Un Grec ou un Romain n'eût point sans rougir reçu les fers de l'esclavage. Le vrai Romain ne supportoit pas même sans horreur la vue d'un despote d'Asie.

Du temps de Caton le censeur, Euménès vient à Rome. A son arrivée, toute la jeunesse s'empresse autour de lui; le seul Caton l'évite (19). « Pourquoi, lui demande-t-on, Caton
« fuit-il un souverain qui le recher-
« che, un roi si bon, si ami des Ro-

« mains ? » — « Si bon qu'il vous
« plaira, répond Caton ; *tout prince*
« *despote est un mangeur de chair*
« *humaine* (20), *que tout homme ver-*
« *tueux doit fuir.* »

En vain on essaieroit de nombrer les différentes idées qu'ont eues de la vertu les peuples (21) et les particuliers divers (22). Ce qu'il y a de vrai, c'est que le catholique, qui se sent plus de vénération pour le fondateur d'un ordre de fainéants que pour un Minos, un Mercure, un Lycurgue, etc., n'a sûrement pas d'idées justes de la vertu. Or, tant qu'on n'en attachera pas de nettes à ce mot, il faut, selon le hasard de son éducation, que tout homme s'en forme des idées différentes.

Une jeune fille est élevée par une mere stupide et dévote ; cette fille n'entend appliquer ce mot *vertu* qu'à l'exactitude avec laquelle les religieuses se fessent, jeûnent, et récitent leur rosaire. Le mot *vertu* ne réveillera donc en elle que l'idée de discipline, de haire, et de patenôtres.

Une autre fille, au contraire, est-elle élevée par des parents instruits et patriotes? n'ont-ils jamais cité devant elle comme vertueuses que les actions utiles à la patrie? n'ont-ils loué que les Aricie, les Porcie, etc.? cette fille aura nécessairement de la vertu des idées différentes de la premiere : l'une admirera dans Aricie et la force de la vertu et l'exemple de l'amour conjugal; l'autre ne verra dans cette même Aricie qu'une païenne, une femme mondaine, suicide, et damnée, qu'il faut fuir et détester.

Qu'on répete sur deux jeunes gens l'expérience faite sur deux filles; que l'un d'eux, lecteur assidu de la *Vie des saints*, et témoin, pour ainsi dire, des tourments que leur fait éprouver le démon de la chair, les voie toujours se fouetter, se rouler dans les épines, se pêtrir des femmes de neige, etc. ; il aura de la vertu des idées différentes de celui qui, livré à des études plus honnêtes et plus instructives, aura pris pour modeles les Socrate, les Scipions, les Aristide, les Timoléon, et, pour me rapprocher de mon siecle, les Miron, les Harlai, les Pibrac, les Barillon (23). « Ce furent « ces magistrats respectables, ces il- « lustres victimes de leur amour pour « la patrie, qui, par leurs bonnes et « sages maximes, dissiperent, dit le « cardinal de Retz, plus de factions « que n'en put allumer tout l'or de « l'Espagne et de l'Angleterre ». Il est donc impossible que ce mot *vertu* ne réveille en nous des idées diverses (24), selon qu'on lit Plutarque ou la *Légende dorée*. Aussi a-t-on, dans tous les siecles et les pays, élevé des autels à des hommes d'un caractere tout-à-fait différent.

Chez les païens, c'étoit aux Hercule, aux Castor, aux Cérès, aux Bacchus, aux Romulus, qu'on rendoit les honneurs divins ; et chez les musulmans, comme chez les catholiques, c'est à d'obscurs dervis, à des moines vils, enfin à un Dominique, à un Antoine, qu'on décerne ces mêmes honneurs.

C'étoit après avoir domté les monstres et puni les tyrans, c'étoit par leur courage, leurs talents, leur bienfaisance, et leur humanité, que les anciens héros s'ouvroient les portes de l'olympe ; c'est aujourd'hui par le jeûne, la discipline, la poltronnerie, l'aveugle soumission, et la plus vile obéissance, que le moine s'ouvre celles du ciel.

Cette révolution dans les esprits frappa sans doute Machiavel : aussi dit-il, discours IV : « Toute religion « qui fait un devoir des souffrances « et de l'humilité n'inspire aux ci- « toyens qu'un courage passif; elle « énerve leur esprit, l'avilit, le pré- « pare à l'esclavage ». L'effet sans doute eût suivi de près cette prédiction si les mœurs et les lois des sociétés ne modifioient le caractere et le génie des religions.

On attache donc des idées bien peu nettes aux mots *bon*, *intérêt*, *vertu*. Ces mots, toujours arbitrairement employés, rappellent et doivent rappeler des idées différentes, selon la société dans laquelle on vit, et l'application qu'on en entend faire. Qui veut examiner une question de cette espece doit donc convenir d'abord de la signification des mots. Sans cette convention préliminaire, toute dispute de ce genre devient interminable. Aussi les hommes, sur presque toutes les questions morales, politiques, et métaphysiques, s'entendent-ils d'autant moins qu'ils en raisonnent plus.

Les mots une fois définis, une question seroit résolue, presque aussitôt que proposée : preuve que tous les esprits sont justes, que tous apperçoivent les mêmes rapports entre les objets ; preuve qu'en morale, politique, et métaphysique (25), la diversité d'opinions est uniquement l'effet de la signification incertaine des mots, de l'abus qu'on en fait, et peut-être de l'imperfection des langues. Mais quel remede à ce mal ?

CHAPITRE XIX.

Du seul moyen de fixer la signification incertaine des mots.

Pour déterminer la signification incertaine des mots, il faudroit un dictionnaire dans lequel on attacheroit des idées nettes aux différentes expressions (26). Cet ouvrage difficile ne peut s'exécuter que chez un peuple libre.

Ce siecle est, dit-on, le siecle de la philosophie. Toutes les nations de l'Europe ont en ce genre produit des hommes de génie; toutes semblent aujourd'hui s'occuper de la recherche de la vérité: mais il n'y a qu'un seul pays où l'on puisse impunément la publier; c'est en Angleterre.

Fixer dans un dictionnaire la signification précise de chaque mot, et dissiper par ce moyen l'obscurité mystérieuse qui enveloppe encore la morale, la politique, la métaphysique, la théologie, etc. (27), c'est le seul moyen de terminer tant de disputes qu'éternise l'abus des mots (28); c'est le seul qui puisse réduire la science des hommes à ce qu'ils savent réellement.

Ce dictionnaire, traduit dans toutes les langues, seroit le recueil général de presque toutes les idées des hommes. Qu'on attache à chaque expression des idées précises ; et le scholastique, qui par la magie des mots a tant de fois bouleversé le monde, ne sera qu'un magicien sans puissance ; le talisman dans la possession duquel consistoit son pouvoir sera brisé. Alors tous ces fous qui, sous le nom de métaphysiciens, errent depuis si long-temps dans le pays des chimeres, et qui, sur des outres pleins de vent, traversent en tous sens les profondeurs de l'infini, ne diront plus qu'ils y voient ce qu'ils n'y voient pas, qu'ils savent ce qu'ils ne savent pas ; ils n'en imposeront plus aux nations. Alors les propositions morales, politiques, et métaphysiques, devenues aussi susceptibles de démonstrations que les propositions de géométrie, les hommes auront de ces sciences les mêmes idées, parceque tous, comme je l'ai montré, apperçoivent nécessairement les mêmes rapports entre les mêmes objets.

Une nouvelle preuve de cette vérité, c'est qu'en combinant à-peu-près les mêmes faits, soit dans le monde physique, comme le démontre la géométrie, soit dans le monde intellectuel, comme le prouve la scholastique, tous les hommes sont en tous les temps à-peu-près parvenus au même résultat.

CHAPITRE XX.

Les excursions des hommes et leurs découvertes dans les royaumes intellectuels ont toujours été à-peu-près les mêmes.

Entre les pays imaginaires que parcourt l'esprit humain, celui des fées, des génies, des enchanteurs, est le premier où je m'arrête. On aime les contes; chacun les lit, les écoute, et s'en fait. Un desir confus du bonheur nous promene avec complaisance dans le pays des prodiges et des chimeres.

Quant aux chimeres, elles sont toutes de la même espece. Tous les hommes desirent des richesses sans nombre, un pouvoir sans bornes, des voluptés sans fin; et ce desir vole toujours au-delà de la possession.

Quel bonheur seroit le nôtre, disent la plupart des hommes, si nos souhaits étoient remplis aussitôt que formés ! O insensés, ignorerez-vous toujours que c'est dans le desir même que consiste une partie de votre félicité? Il en est du bonheur comme de l'oiseau doré envoyé par les fées à une jeune princesse. L'oiseau s'abat à trente pas d'elle. Elle veut le prendre, s'avance doucement, elle est prête à le saisir : l'oiseau vole trente pas plus loin; elle s'avance encore, passe plusieurs mois à sa poursuite; elle est heureuse. Si l'oiseau se fût d'abord laissé prendre, la princesse l'eût mis en cage, et huit jours après s'en fût dégoûtée. C'est l'oiseau du bonheur que poursuivent sans cesse l'avare et la coquette. Ils ne l'attrapent point, et sont heureux dans leurs poursuites, parcequ'ils sont à l'abri de l'ennui. Si nos souhaits étoient à chaque instant réalisés, l'ame languiroit dans l'inaction, et croupiroit dans l'ennui. Il faut des desirs à l'homme ; il faut pour son bonheur qu'un desir nouveau et facile à remplir succede toujours au desir satisfait (29). Peu d'hommes reconnoissent en eux ce besoin ; cependant c'est à la succession de leurs desirs qu'ils doivent leur félicité.

Toujours impatients de les satisfaire, les hommes bâtissent sans cesse des châteaux en Espagne ; ils voudroient intéresser la nature entiere à leur bonheur. N'est-elle pas assez puissante pour l'opérer ? c'est à des êtres imaginaires, à des fées, à des génies, qu'ils s'adressent. S'ils en desirent l'existence, c'est dans l'espoir confus que, favoris d'un enchanteur, ils pourront par son secours devenir, comme dans *les Mille et une nuits*, possesseurs de la lampe merveilleuse, et qu'alors rien ne manqueroit à leur félicité.

C'est donc l'amour du bonheur, productif de l'avide curiosité et de l'amour du merveilleux, qui chez les divers peuples créa ces êtres surnaturels, lesquels, sous les noms de *fées*, de *génies*, de *dives*, de *péris*, d'*enchanteurs*, de *sylphes*, d'*ondins*, etc., n'ont toujours été que les mêmes êtres, auxquels on a fait par-tout opérer à-peu-près les mêmes prodiges; preuve qu'en ce genre les découvertes ont été à-peu-près les mêmes.

CONTES PHILOSOPHIQUES.

Les contes de cette espece, plus

graves, plus imposants, mais quelquefois aussi frivoles et moins amusants que les premiers, ont à-peu-près conservé entre eux la même ressemblance. Au nombre de ces contes, à-la-fois si ingénieux et si ennuyeux, je place le beau moral (a), la bonté naturelle de l'homme, enfin les divers systêmes du monde physique. L'expérience seule devroit en être l'architecte. Le philosophe ne la consulte-t-il pas? n'a-t-il pas le courage de s'arrêter où l'observation lui manque? il croit faire un systême, et ne fait qu'un conte.

Ce philosophe est forcé de substituer des suppositions au vuide des ex-

(a) Le beau moral ne se trouve que dans *le Paradis des fous*, où Milton fait pirouetter sans cesse les agnus, les scapulaires, les chapelets, les indulgences.

périences, et de remplir par des conjectures l'intervalle immense que l'ignorance actuelle, et plus encore l'ignorance passée, laisse entre toutes les parties de son système. Quant aux suppositions, elles sont presque toutes de la même espece. Qui lit les philosophes anciens voit que tous adoptent à-peu-près le même plan, et que s'ils different c'est dans le choix des matériaux employés à la construction de l'univers.

Dans la nature entiere, Thalès ne vit qu'un seul élément; c'étoit le fluide aqueux. Protée, ce dieu marin qui se métamorphose en feu, en arbre, en eau, en animal, étoit l'emblême de son système. Héraclite reconnoissoit ce même Protée dans l'élément de la lumiere; il ne voyoit dans la terre qu'un globe de feu réduit à l'état de fixité. Anaximene faisoit de l'air un agent indéfini ; c'étoit le pere commun de tous les élémens. L'air condensé formoit les eaux ; l'air encore plus dense formoit la terre. C'étoit aux différents degrés de densité des airs que tous les êtres devoient leur existence. Ceux qui, d'après ces premiers philosophes, se firent comme eux les architectes du palais du monde, et travaillerent à sa construction, tomberent dans les mêmes erreurs. Descartes en est la preuve. C'est de faits en faits qu'on parvient aux grandes découvertes. Il faut s'avancer à la suite de l'expérience, et jamais ne la précéder.

L'impatience naturelle à l'esprit humain, et sur-tout aux hommes de génie, ne s'accommode pas d'une marche si lente (30), mais toujours si sûre ; ils veulent deviner ce que l'expérience seule peut leur révéler ; ils oublient que c'est à la connoissance d'un premier fait, dont pourroient se déduire tous ceux de la nature, qu'est attachée la découverte du système du monde, et que c'est uniquement du hasard, de l'analyse, et de l'observation, qu'on peut tenir ce premier fait ou principe général.

Avant d'entreprendre d'édifier le palais de l'univers, que de matériaux il faut encore tirer des carrieres de l'expérience! Il est temps enfin que, tout entiers à ce travail, et trop heureux de bâtir de loin en loin quelques parties de l'édifice projeté, les philosophes, disciples plus assidus de l'expérience, sentent que sans elle on erre dans le pays des chimeres, où les hommes, dans tous les siecles, ont apperçu à-peu-près les mêmes fantômes, et toujours embrassé des erreurs dont la ressemblance prouve à-la-fois, et la maniere uniforme dont les hommes de tous les climats combinent les mêmes objets, et l'égale aptitude qu'ils ont à l'esprit.

CONTES RELIGIEUX.

Ces sortes de contes, moins amusants que les premiers, moins ingénieux que les seconds, et cependant plus respectés, ont armé les nations les unes contre les autres, ont fait ruisseler le sang humain, et porté la désolation dans l'univers. Sous ce nom de contes religieux je comprends généralement toutes les fausses religions. Elles ont toujours conservé entre elles la plus grande ressemblance.

Entre les diverses causes auxquelles on peut en rapporter l'invention (31), je citerai le désir de l'immortalité pour la premiere. La preuve, si l'on en croit

Warburton et quelques autres savants, que Dieu est l'auteur de la loi des Juifs, c'est, disent-ils, qu'il n'est question dans la loi mosaïque ni des peines ni des récompenses de l'autre vie, ni par conséquent de l'immortalité de l'ame. Or, ajoutent-ils, si la religion juive étoit d'institution humaine, les hommes eussent fait de l'ame un être immortel; un intérêt vif et puissant les eût portés à la croire telle (32): cet intérêt, c'est leur horreur pour la mort et l'anéantissement. Cette horreur eût suffi, sans le secours de la révélation, pour leur faire inventer ce dogme. L'homme veut être immortel, et se croiroit tel si la dissolution de tous les corps qui l'environnent ne lui annonçoit à chaque instant la vérité contraire. Forcé de céder à cette vérité, il n'en desire pas moins l'immortalité. La chaudiere du rajeunissement d'Éson prouve l'ancienneté de ce desir. Pour le perpétuer, il falloit du moins le fonder sur quelque vraisemblance. A cet effet l'on composa l'ame d'une matiere extrêmement déliée; on en fit un atome indestructible, survivant à la dissolution des autres parties, enfin un principe de vie.

Cet être, sous le nom d'*ame* (a), devoit conserver après la mort tous les goûts dont elle avoit été susceptible lors de son union avec le corps. Ce système imaginé, l'on douta d'autant moins de l'immortalité de son ame, que ni l'expérience ni l'observation ne pouvoit contredire cette croyance ;

(a) Les sauvages ne refusent l'ame à quoi que ce soit; ils en donnent à leurs fusils, à leurs chaudieres, et à leurs briquets. Voyez le P. Hennepin, *Voyage de la Louisiane*, page 94.

l'une et l'autre n'avoit point de prise sur un atome imperceptible. Son existence, à la vérité, n'étoit pas démontrée; mais qu'a-t-on besoin de preuves pour croire ce qu'on desire? et quelle démonstration est jamais assez claire pour prouver la fausseté d'une opinion qui nous est chere? Il est vrai qu'on ne rencontroit point d'ames en son chemin; et c'est pour rendre raison de ce fait que les hommes, après la création des ames, crurent devoir créer le pays de leur habitation. Chaque nation, et même chaque individu, selon ses goûts et la nature particuliere de ses besoins, en donna un plan particulier. Tantôt les peuples sauvages transporterent cette habitation dans une forêt vaste, giboyeuse, arrosée de rivieres poissonneuses; tantôt ils la placerent dans un pays découvert, plat, abondant en pâturages, au milieu duquel s'élevoit une fraise grosse comme une montagne, dont on détachoit des quartiers pour sa nourriture et celle de sa famille.

Les peuples moins exposés au besoin de la faim, et d'ailleurs plus nombreux et plus instruits, y rassemblerent tout ce que la nature a d'agréable, et lui donnerent le nom d'*Élysée*. Les peuples avares le modelerent sur le jardin des Hespérides, et y cultiverent des plants dont la tige d'or portoit des fruits de diamant. Les nations plus voluptueuses y firent croître des arbres de sucre, et couler des fleuves de lait; ils le peuplerent enfin de houris. Chaque peuple fournit ainsi le pays des ames de ce qui faisoit sur la terre l'objet de ses desirs. L'imagination, dirigée par des besoins et des goûts divers, opéra par-tout de la même maniere, et fut en conséquence peu variée dans l'invention des fausses religions.

Si l'on en croit le président de Brosse, dans son excellente *Histoire du fétichisme, ou du culte rendu aux objets terrestres*, le fétichisme fut non seulement la premiere des religions, mais son culte, conservé encore aujourd'hui dans presque toute l'Afrique, et sur-tout en Nigritie, fut jadis le culte universel (a). On sait, ajoute-t-il, que dans les *pierres bactyles* c'étoit *Vénus-Uranie*, que dans la forêt de Dodone c'étoit les chênes que la Grece adoroit. On sait que les dieux chiens, chats, crocodiles, serpents,

(a) Si catholique veut dire universel, c'est à tort que le papisme en prend le titre. La religion du fétichisme et celle des païens ont été les seules vraiment catholiques.

éléphants, lions, aigles, mouches, singes, etc., avoient des autels, non seulement en Égypte, mais encore en Syrie, en Phénicie, et dans presque toute l'Asie. On sait enfin que les lacs, les arbres, la mer, et les rochers informes, étoient pareillement l'objet de l'adoration des peuples de l'Europe et de l'Amérique. Or, une semblable uniformité dans les premieres religions en prouve une d'autant plus grande dans les esprits, qu'on retrouve encore cette même uniformité dans des religions ou plus modernes ou moins grossieres. Telle étoit la religion celtique. Le Mithra des Perses se retrouve dans le dieu Thor, l'Arimane dans le loup Feuris, l'Apollon des Grecs dans le Balder, la Vénus dans la Fréa, et les Parques dans les trois sœurs Urda, Verandi, Skulda. Ces trois sœurs sont assises à la source d'une fontaine dont les eaux arrosent une des racines du frêne fameux nommé *Udrasil*. Son feuillage ombrage la terre; et sa cime, élevée au-dessus des cieux, en forme le dais.

Les fausses religions ont donc presque par-tout été les mêmes. D'où naît cette uniformité? De ce que les hommes, à-peu-près animés du même intérêt, ayant à-peu-près les mêmes objets à comparer entre eux, et le même instrument, c'est-à-dire le même esprit, pour les combiner, ont dû nécessairement arriver aux mêmes résultats. C'est parcequ'en général tous sont orgueilleux, que, sans aucune révélation particuliere, par conséquent sans preuve, tous regardent l'homme comme l'unique favori du ciel, et comme l'objet principal de ses soins. Peu d'hommes osent, d'après un certain moine, se répéter quelquefois, *Qu'est-ce qu'un capucin devant une planete?*

Faut-il, pour fonder sur des faits l'orgueilleuse prétention de l'homme, supposer, comme dans certaines religions, qu'abandonnant le ciel pour la terre, la divinité, sous la forme d'un poisson, d'un serpent, d'un homme, y venoit jadis en bonne fortune converser avec les mortels? Faut-il, pour preuve de l'intérêt que le ciel prend aux habitants de la terre, publier des livres où, selon quelques imposteurs, sont renfermés tous les préceptes et les devoirs que Dieu prescrit à l'homme?

Un tel livre, si l'on en croit les musulmans, composé dans le ciel, fut apporté sur la terre par l'ange Gabriel, et remis par cet ange à Mahomet. Son nom est le *Koran*. En ouvrant ce livre on le trouve susceptible de mille interprétations ; il est obscur, inintelligible : et tel est l'aveuglement humain, qu'on regarde encore comme divin un ouvrage où Dieu est peint sous la forme d'un tyran; où ce Dieu est sans cesse occupé à punir ses esclaves pour n'avoir pas compris l'incompréhensible ; où ce Dieu enfin, auteur de phrases inintelligibles sans le commentaire d'un iman, n'est proprement qu'un législateur stupide dont les lois ont toujours besoin d'interprétations. Jusques à quand les musulmans conserveront-ils tant de respect pour un ouvrage si rempli de sottises et de blasphêmes ?

Mais, si la métaphysique des fausses religions, si l'excursion des esprits dans le pays des ames, et les découvertes dans les régions intellectuelles, ont par-tout été les mêmes, les impostures du corps sacerdotal (33) pour le soutien de ces fausses religions n'auroient-elles pas en tous les pays conservé entre elles les mêmes ressemblances ?

CHAPITRE XXI.

Impostures des ministres des fausses religions.

En tout pays, et les mêmes motifs d'intérêt, et les mêmes faits à combiner, ont fourni au corps sacerdotal les mêmes moyens d'en imposer aux peuples ; en tout pays les prêtres en ont fait usage (a).

(a) Aux Indes, les prêtres attachent certaines vertus et certaines indulgences à des tisons brûlés, et les vendent fort cher. A Rome, le P. Péepe, jésuite, vendoit pareillement de petites prieres à la Vierge ; il les faisoit avaler aux poules, et assuroit qu'elles en pondoient mieux.

Un particulier peut être modéré dans ses desirs, être content de ce qu'il possede; un corps est toujours ambitieux. C'est plus ou moins rapidement, mais c'est constamment, qu'il tend à l'accroissement de son pouvoir et de ses richesses. Le desir du clergé fut en tous les temps d'être puissant et riche. Par quel moyen parvint-il à le satisfaire? Par la vente de la crainte et de l'espérance. Les prêtres, négociants en gros de cette espece de denrée, sentirent que le débit en étoit sûr et lucratif, et que, s'il nourrit le colporteur qui vend dans les rues l'espoir du gros lot, et le charlatan qui vend sur des tretaux l'espoir de la guérison et de la santé, il pourroit pareillement nourrir le bonze et le talapoin qui vendroient dans leurs temples la crainte de l'enfer et l'espoir du paradis; que si le charlatan fait fortune en ne débitant qu'une de ces deux especes de denrées, c'est-à-dire l'espérance, les prêtres en feroient une plus grande en débitant encore la crainte. L'homme, se sont-ils dit, est timide; ce sera par conséquent sur cette derniere marchandise qu'il y aura le plus à gagner. Mais à qui vendre la crainte ? Aux pécheurs. A qui vendre l'espoir ? Aux pénitents. Convaincu de cette vérité, le sacerdoce comprit qu'un grand nombre d'acheteurs supposoit un grand nombre de pécheurs, et que si les présents des malades enrichissent le médecin, ce seroient les offrandes et les expiations qui désormais enrichiroient les prêtres; qu'il falloit des malades aux uns, et des pécheurs aux autres. Le pécheur devient toujours l'esclave du prêtre; c'est la multiplication des péchés qui favorise le commerce des indulgences, des messes, etc., accroît le pouvoir et la richesse du clergé. Mais, parmi les péchés, si les prêtres n'eussent compté que les actions vraiment nuisibles à la société, la puissance sacerdotale eût été peu considérable ; elle ne se fût étendue que sur un certain nombre de scélérats et de frippons : or, le clergé vouloit même l'exercer sur les hommes vertueux. Pour cet effet il falloit créer des péchés que les honnêtes gens pussent commettre. Les prêtres voulurent donc que les moindres libertés entre filles et garçons, que le desir seul du plaisir fût un péché : de plus, ils instituerent un grand nombre de rits et de cérémonies superstitieuses ; ils voulurent que tous les citoyens y fussent assujettis ; que l'inobservation de ces rits fût réputée le plus grand des crimes, et que la violation de la loi rituelle, s'il étoit possible, fût, comme chez les Juifs, plus sévèrement punie que les forfaits les plus abominables.

Ces rits et ces cérémonies, plus ou moins nombreux chez les diverses nations, furent par-tout à-peu-près les mêmes ; par-tout ils furent sacrés, et assurerent au sacerdoce la plus grande autorité sur les divers ordres de l'état (34).

Cependant, parmi les prêtres des différentes nations, il en fut qui, plus adroits que les autres, exigerent du citoyen, non seulement l'observation de certains rits, mais encore la croyance de certains dogmes. Le nombre de ces dogmes, insensiblement multiplié par eux, accrut celui des incrédules et des hérétiques. Que prétendit ensuite le clergé? Que l'hérésie fût punie en eux par la confiscation de leurs biens, et cette loi augmenta les richesses de l'église; elle voulut de plus que la mort fût la peine des incrédules, et cette loi augmenta son pouvoir. Du moment où les prêtres eurent condamné Socrate, le génie, la vertu, et les rois eux-mêmes, tremblerent devant le sacerdoce. Son trône eut pour soutien l'effroi et la terreur panique. L'un et l'autre, étendant sur les esprits les ténebres de l'ignorance, devinrent d'inébranlables appuis du pouvoir pontifical. Lorsque l'homme est forcé d'éteindre en lui les lumieres de la raison, alors, sans connoissance du juste ou de l'injuste, c'est le prêtre qu'il consulte, c'est à ses conseils qu'il s'abandonne.

Mais pourquoi l'homme ne consulteroit-il pas de préférence la loi naturelle? Les fausses religions sont elles-mêmes fondées sur cette base commune. J'en conviens; mais la loi naturelle n'est autre chose que la raison même (35). Or, comment croire à sa raison lorsqu'on s'en est défendu l'usage ? Qui peut d'ailleurs appercevoir les préceptes de la loi naturelle à travers le nuage mystérieux dont le corps sacerdotal les enveloppe ? Cette loi est le canevas de toutes les religions ; mais le prêtre a sur ce canevas brodé tant de mysteres, que la broderie en a entièrement couvert le fond. Qui lit l'histoire y voit la vertu des peuples diminuer en proportion que leur superstition s'augmente (a). Un pays où l'on ne trouve d'hommes instruits que dans l'ordre sacerdotal est un pays où

(a) La superstition est encore aujourd'hui la religion des peuples les plus sages. L'Anglais ne se confesse, ni ne fête les saints. Sa dévotion consiste à ne point travailler, à ne point chanter, le dimanche. L'homme qui ce jour-là joueroit

l'on ne se formera jamais d'idées nettes et vraies de la vertu.

L'intérêt des prêtres n'est pas que le citoyen agisse bien, mais qu'il ne pense point. « Il faut, disent-ils, que « le fils de l'homme sache peu, et « croie beaucoup (a). »

du violon seroit un impie; mais il est bon chrétien s'il passe ce même jour au cabaret avec des filles.

(a) Les prêtres ne veulent pas que Dieu rende à chacun selon ses œuvres, mais selon sa croyance.

CHAPITRE XXII.

De l'uniformité des moyens par lesquels les ministres des fausses religions conservent leur autorité.

DANS toute religion, le premier objet que se proposent les prêtres est d'engourdir la curiosité de l'homme, et d'éloigner de l'œil de l'examen tout dogme dont l'absurdité trop palpable ne lui pourroit échapper.

Pour y parvenir il falloit flatter les passions humaines; il falloit, pour perpétuer l'aveuglement des hommes, qu'ils desirassent d'être aveugles et eussent intérêt de l'être. Rien de plus facile au bonze. La pratique des vertus est plus pénible que l'observance des superstitions. Il est moins difficile à l'homme de s'agenouiller au pied des autels, d'y offrir un sacrifice, de se baigner dans le Gange (36), et de manger maigre un vendredi, que de pardonner, comme Camille, à des citoyens ingrats, que de fouler aux pieds les richesses comme Papirius, que d'instruire l'univers comme Socrate. Flattons donc, a dit le bonze, les vices humains ; que ces vices soient mes protecteurs ; substituons les offrandes et les expiations aux vertus, et persuadons aux hommes qu'on peut, par certaines cérémonies superstitieuses, blanchir l'ame noircie des plus grands crimes. Une telle doctrine devoit accroître les richesses et le crédit des bonzes. Ils en sentirent toute l'importance ; ils l'annoncerent ; et on l'a reçue avec joie, parceque les prêtres furent toujours d'autant plus relâchés dans leur morale et d'autant plus indulgents aux crimes, qu'ils étoient plus séveres dans leur discipline et plus exacts à punir la violation des rits (a).

Tous les temples devinrent alors l'asyle des forfaits; la seule incrédulité n'y trouva point de refuge : et comme il est en tout pays peu d'incrédules et beaucoup de méchants, l'intérêt du plus grand nombre fut donc d'accord avec celui des prêtres.

Entre les tropiques, dit un navigateur, sont deux isles en face l'une de l'autre. Dans la premiere on n'est point honnête si l'on ne croit un certain nombre d'absurdités, et si l'on ne peut sans se toucher soutenir la plus cuisante démangeaison; c'est à

(a) Si les catholiques sont, en général, sans mœurs, c'est qu'à la pratique des vraies vertus les prêtres ont, dans la religion papiste, toujours substitué celle des cérémonies superstitieuses.

la patience avec laquelle on la supporte qu'est principalement attaché le nom de vertueux. Dans l'autre isle on n'impose nulle croyance aux habitants ; l'on peut se gratter où cela démange, et même se chatouiller pour se faire rire ; mais l'on n'est point réputé vertueux si l'on n'a fait des actions utiles à la société.

L'absurdité de la morale religieuse n'en devroit-elle pas désabuser les peuples ? Un prêtre, répondrai-je, s'enveloppe-t-il d'un vêtement lugubre ? affecte-t-il un maintien austere, un langage obscur ? ne parle-t-il qu'au nom de Dieu et des mœurs ? il séduit le peuple par les yeux et les oreilles. Que d'ailleurs les mots de *mœurs* et de *vertu* soient dans sa bouche des mots vuides de sens ; peu importe : ces mêmes mots, prononcés d'un ton mortifié et par un homme vêtu de l'habit de la pénitence, en imposeront toujours à l'imbécillité humaine.

Tels furent les prestiges, et, si je l'ose dire, la simarre brillante sous laquelle les prêtres cacherent leur ambition et leur intérêt personnel. Leur doctrine fut d'ailleurs sévere à certains égards, et sa sévérité contribua encore à tromper le vulgaire. C'étoit la boîte de Pandore: son dehors éblouissoit, mais elle renfermoit au dedans le fanatisme, l'ignorance, la superstition, et tous les maux qui successivement ont ravagé la terre. Or je demande, lorsqu'on voit en tous les temps les ministres des fausses religions employer les mêmes moyens pour accroître et leurs richesses et leur crédit (a), pour con-

(a) Tout moyen d'acquérir argent et

server leur autorité et multiplier le nombre de leurs esclaves ; lorsqu'on retrouve en tous les pays même absurdité dans les fausses religions, mêmes impostures dans leurs ministres, et même crédulité dans tous les peuples (37), s'il est possible d'imaginer qu'il y ait essentiellement entre les hommes l'inégalité d'esprit qu'on y suppose.

Je veux que l'esprit et les talents soient l'effet d'une cause particuliere ; comment alors se persuader que de grands hommes, que des hommes

---

crédit paroît légitime aux prêtres. C'est sans honte que le clergé catholique charge des réparations des églises les peuples mêmes dont il épuise le trésor. Les églises sont les fermes du clergé ; et, tout au contraire des riches propriétaires, il a trouvé le moyen de les faire entretenir aux dépens des autres.

par conséquent doués de cette singuliere organisation, aient cru les fables du paganisme, aient adopté la croyance du vulgaire, et se soient faits quelquefois martyrs des erreurs les plus grossieres? Un tel fait, inexplicable tant qu'on considere l'esprit comme le produit d'une organisation plus ou moins parfaite, devient simple et clair lorsqu'on regarde l'esprit comme une acquisition. On ne s'étonne plus alors que des hommes de génie en certains genres ne conservent aucune supériorité sur les autres, lorsqu'il s'agit de sciences ou de questions dont ils ne se sont point occupés, et qu'ils ont peu méditées. On sait que, dans cette position, le seul avantage de l'homme d'esprit sur les autres (avantage sans doute considérable), c'est l'habitude qu'il a de l'attention, c'est la connoissance des meilleures méthodes à suivre dans l'examen d'une question ; avantage nul lorsqu'on ne s'occupe point de la recherche de telle vérité.

L'uniformité des ruses (38) employées par les ministres des fausses religions, la ressemblance des fantômes apperçus par eux dans les régions intellectuelles (39), l'égale crédulité des peuples, prouvent donc que la nature n'a pas mis entre les hommes l'inégalité d'esprit qu'on y suppose, et qu'en morale, politique et métaphysique, s'ils portent sur les mêmes objets des jugements très différents, c'est un effet de leurs préjugés et de la signification indéterminée qu'ils attachent aux mêmes expressions.

Je n'ajouterai qu'un mot à ce que je viens de dire ; c'est que si l'esprit se réduit à la science ou à la connoissance des vrais rapports qu'ont entre eux les objets divers, et si, quelle que soit l'organisation des individus, cette organisation, comme le démontre la géométrie, ne change rien à la proportion constante dans laquelle les objets les frappent, il faut que la perfection plus ou moins grande des organes des sens n'ait aucune influence sur nos idées, et que tous les hommes organisés comme le commun d'entre eux aient par conséquent une égale aptitude à l'esprit.

L'unique moyen de rendre encore, s'il est possible, cette vérité plus évidente, c'est d'en fortifier les preuves en les accumulant. Tâchons d'y parvenir par un autre enchaînement de propositions.

CHAPITRE XXIII.

Point de vérité qui ne soit réductible à un fait.

DE l'aveu de presque tous les philosophes, les plus sublimes vérités, une fois simplifiées et réduites à leurs moindres termes, se convertissent en faits, et dès lors ne présentent plus à l'esprit que cette proposition, *le blanc est blanc, le noir est noir* (40). L'obscurité apparente de certaines vérités n'est donc point dans les vérités mêmes, mais dans la maniere peu nette de les présenter et l'impropriété des mots pour les exprimer. Les réduit-on à un fait simple ? si tout fait peut être également apperçu de tous les hommes (41) organisés comme le commun d'entre eux, il n'est point de vérités qu'ils ne puissent saisir : or, pouvoir s'élever aux mêmes vérités, c'est avoir essentiellement une égale aptitude à l'esprit.

Mais est-il bien vrai que toute vérité soit réductible aux propositions claires ci-dessus énoncées? Je n'ajouterai qu'une preuve à celles qu'en ont déja données les philosophes : je la tire de la perfectibilité de l'esprit humain. Que suppose cette perfectibilité? deux choses :

L'une, que toute vérité est essentiellement à la portée de tous les esprits :

L'autre, que toute vérité peut être clairement présentée.

La puissance que tous les hommes ont d'apprendre un métier en est la preuve. Si les plus sublimes découvertes des anciens mathématiciens, aujourd'hui comprises dans les éléments de géométrie, sont sues des géometres les moins célebres, c'est que ces découvertes sont réduites à des faits.

Les vérités une fois portées à ce point de simplicité, si parmi elles il en étoit quelques unes auxquelles les hommes ordinaires ne pussent atteindre, c'est alors qu'appuyé sur l'expérience, on pourroit dire que, semblable à l'aigle, le seul d'entre les oiseaux qui plane au-dessus des nues et fixe le soleil, le génie seul peut s'élever aux royaumes intellectuels et y soutenir l'éclat d'une vérité nouvelle : or rien de plus contraire à l'expérience. Le génie a-t-il apperçu une telle vérité ? la présente-t-il clairement ? à l'instant même tous les esprits ordinaires la saisissent et se l'approprient. Le génie est un chef hardi; il se fait jour aux régions des découvertes; il ouvre un chemin, et les esprits communs se précipitent en foule après lui. Ils ont donc en eux la force nécessaire pour le suivre ; sans cette force, le génie y pénétreroit seul. Cependant son unique privilege fut d'en frayer le premier la route.

Mais quel est l'instant où les plus hautes vérités deviennent à la portée des esprits les plus communs? C'est celui où, dégagées de l'obscurité des mots et réduites à des propositions plus ou moins simples, elles ont passé de l'empire du génie dans celui des sciences. Jusques là, semblables à ces ames errant dans les demeures célestes, attendant l'instant qu'elles doivent animer un corps et paroître à la lumiere, les vérités encore inconnues errent dans les régions des découvertes, attendant que le génie les y saisisse et les transporte au séjour terrestre. Une fois descendues sur la terre et déja apperçues des excellents esprits, elles deviennent un bien commun.

Dans ce siecle, dit M. de Voltaire, si l'on écrit communément mieux en prose que dans le siecle passé, à quoi les modernes doivent-ils cet avantage? Aux modeles exposés devant eux. Les modernes ne se vanteroient pas de cette supériorité, si le génie du dernier siecle, déja converti en science (42), ne fût, si je l'ose dire, entré dans la circulation. Lorsque les découvertes du génie se sont métamorphosées en sciences, chaque découverte déposée dans leur temple y devient un bien commun; le temple s'ouvre à tous. Qui veut savoir sait, et est à-peu-près sûr de faire tant de toises de science par jour; le temps fixé pour les apprentissages en est la preuve. Si la plupart des arts, au degré de perfection où maintenant ils sont portés, peuvent être regardés comme le produit des découvertes de cent hommes de génie mises bout à bout, il faut donc, pour exercer ces arts, que l'ouvrier réunisse en lui et sache heureusement appliquer les idées de ces cent hommes de génie. Quelle plus forte preuve de la perfectibilité de l'esprit humain et de son aptitude à saisir toute espece de vérité ?

Que des arts on passe aux sciences, on reconnoît également que les vérités dont l'appercevance eût autrefois déifié leur inventeur sont aujourd'hui très communes. Le système de Newton est par-tout enseigné.

Il en est de l'auteur d'une vérité nouvelle comme d'un astronome que le desir de la gloire ou la curiosité fait monter à son observatoire. Il pointe sa lunette vers les cieux : a-t-il apperçu dans leur profondeur quelque astre ou quelque satellite nouveau ? il appelle ses amis ; ils montent, regardent à travers la lunette ; ils apperçoivent le même astre, parcequ'avec des organes à-peu-près semblables les hommes doivent découvrir les mêmes objets.

S'il étoit des idées auxquelles les hommes ordinaires ne pussent s'élever, il seroit des vérités qui dans l'étendue des siecles n'auroient été saisies que de deux ou trois hommes de la terre également bien organisés ; le reste des habitants seroit à cet égard dans une ignorance invincible ; la découverte du quarré de l'hypoténuse égal aux quarrés des deux autres côtés du triangle ne seroit connue que d'un nouveau Pythagore ; l'esprit humain ne seroit point susceptible de perfectibilité ; il y auroit enfin des vérités réservées à certains hommes en particulier. L'expérience au contraire nous apprend que les découvertes les plus sublimes clairement présentées sont conçues de tous : de là ce sentiment d'étonnement et de honte toujours éprouvé lorsqu'on se dit : *Rien de plus simple que cette vérité ; comment ne l'aurois-je pas toujours apperçue ?* Christophe Colomb en est une preuve. Lors de son départ pour l'Amérique, *rien*, disoient les courtisans, *de plus fou que cette entreprise.* A son retour, *rien*, disoient-ils, *de plus facile que cette découverte.* Ce langage, souvent celui de l'envie, n'est-il jamais celui de la bonne foi ? N'est-ce pas de la meilleure foi du monde que tout-à-coup frappé de l'évidence d'une idée nouvelle et bientôt accoutumé à la regarder comme triviale, on croit l'avoir toujours sue?

A-t-on une idée nette de l'expression d'une vérité? a-t-on non seulement dans sa mémoire, mais encore habituellement présentes à son souvenir toutes les idées de la comparaison desquelles cette vérité résulte? n'est-on enfin aveuglé par aucun intérêt, par aucune superstition? cette vérité, bientôt réduite à ses moindres termes, c'est-à-dire à cette proposition simple, *le blanc est blanc, le noir est noir*, sera conçue presque aussitôt que proposée.

En effet, si les systêmes des Locke et des Newton, sans être encore portés au dernier degré de clarté, sont néanmoins généralement enseignés et connus, les hommes organisés comme le commun d'entre eux peuvent donc s'élever aux idées de ces grands génies. Or, concevoir leurs idées (43), c'est avoir la même aptitude à l'esprit. Mais de ce que les hommes atteignent à ces vérités, et de ce que leur science est en général toujours proportionnée au desir qu'ils ont d'apprendre, peut-on conclure que tous puissent également s'élever aux vérités encore inconnues?

CHAPITRE XXIV.

L'esprit nécessaire pour saisir les vérités déja connues suffit pour s'élever aux inconnues.

UNE vérité est toujours le résultat de comparaisons justes sur les ressemblances et les différences, les convenances ou les disconvenances apperçues entre des objets divers. Un maître veut-il expliquer à ses éleves les principes d'une science et leur en démontrer les vérités déja connues? que fait-il? il leur met sous les yeux les objets de la comparaison desquels ces mêmes vérités doivent être déduites.

Mais, lorsqu'il s'agit de la recherche d'une vérité nouvelle, il faut que l'inventeur ait pareillement sous les yeux les objets de la comparaison desquels doit résulter cette vérité. Mais qui les lui présente? le hasard. C'est le maître commun de tous les inventeurs. Il paroît donc que l'esprit de l'homme, soit qu'il suive la démonstration d'une vérité, soit qu'il la découvre, a dans l'un et l'autre cas les mêmes objets à comparer, les mêmes rapports à observer, enfin les mêmes opérations à faire (a). L'es-

(a) Je pourrois même ajouter qu'il faut

prit nécessaire pour atteindre aux vérités déja connues suffit donc pour parvenir aux inconnues. Peu d'hommes à la vérité s'y élevent, mais cette différence entre eux est l'effet, 1°. des différentes positions où ils se

encore plus d'attention pour suivre la démonstration d'une vérité déja connue que pour en découvrir une nouvelle. S'agit-il, par exemple, d'une proposition mathématique? l'inventeur en ce genre sait déja la géométrie; il en a les figures habituellement présentes à la mémoire; il se les rappelle, pour ainsi dire, involontairement; son attention enfin peut se porter tout entiere sur l'observation de leurs rapports. Quant à l'éleve, ces mêmes figures n'étant pas aussi habituellement présentes à sa mémoire, son attention est donc nécessairement partagée entre la peine qu'exige et le rappel de ces figures à son souvenir, et l'observation de leurs rapports.

trouvent, et de cet enchaînement de circonstances auquel on donne le nom de hasard; 2°. du desir plus ou moins vif qu'ils ont de s'illustrer, par conséquent de la passion plus ou moins forte qu'ils ont pour la gloire.

Les passions peuvent tout. Il n'est point de fille idiote que l'amour ne rende spirituelle. Que de moyens ne lui fournit-il pas pour tromper la vigilance de ses parents, pour voir et entretenir son amant! La plus sotte est souvent alors la plus inventive.

L'homme sans passions est incapable du degré d'application auquel est attachée la supériorité d'esprit; supériorité, dis-je, qui peut-être est moins en nous l'effet d'un effort extraordinaire d'attention que d'une attention habituelle.

Mais, si tous les hommes ont une égale aptitude à l'esprit, qui peut donc produire entre eux tant de différence ?

NOTES.

(1) C'est par le moyen des analogies qu'on parvient quelquefois aux plus grandes découvertes. Mais dans quels cas doit-on se contenter de la preuve des analogies? Lorsqu'il est impossible d'en acquérir d'autres. Cette espece de preuve est souvent trompeuse. A-t-on toujours vu les animaux se multiplier par l'accouplement des mâles avec les femelles ? on en conclut que cette maniere est la seule dont les êtres puissent se régénérer. Il faut pour nous détromper que des observateurs exacts et scrupuleux enferment un puceron dans un bocal, qu'ils découpent des polypes, et prouvent, par des expériences réitérées, qu'il est encore dans la nature d'autres manieres dont les animaux peuvent se reproduire.

(2) Les plus spirituels et les plus méditatifs sont quelquefois mélancoliques, je

le sais : mais ils ne sont pas spirituels et méditatifs parcequ'ils sont mélancoliques, mais mélancoliques parcequ'ils sont méditatifs. Ce n'est point en effet à sa mélancolie, c'est à ses besoins, que l'homme doit son esprit : le besoin seul l'arrache à son inertie naturelle. Si je pense, ce n'est point parceque je suis fort ou foible, mais parceque j'ai plus ou moins d'intérêt de penser. Lorsqu'on dit du malheur *Ce grand maître de l'homme*, on ne dit rien autre chose sinon que le malheur et le desir de s'y soustraire nous forcent à penser. Pourquoi le desir de la gloire produit-il souvent le même effet? C'est que la gloire est le besoin de quelques uns. Au reste, ni les Rabelais, ni les Fontenelle, ni les la Fontaine, ni les Scarron, n'ont passé pour tristes, et cependant personne ne nie la supériorité plus ou moins grande de leur esprit.

Quelques médecins, entre autres M. Lansel de Magny, ont dit que les tempéraments les plus forts et les plus courageux étoient les plus spirituels. Cependant on n'a jamais cité Racine, Boileau, Pascal, Hobbes, Toland, Fontenelle, etc., comme des hommes forts et courageux. D'autres ont prétendu que les bilieux et les sanguins étoient à-la-fois et les plus ingénieux et les moins capables d'une attention constante. Mais peut-on être en même temps incapable d'attention, et doué de grands talents ? Croit-on que sans application Locke et Newton fussen jamais parvenus à leurs sublimes découvertes ?

Plusieurs enfin ont fait dépendre l'esprit de la mobilité des nerfs. Mais les femmes sont très vivement affectées : la mobilité de leurs nerfs devroit donc leur assurer une grande supériorité sur les hommes. Ont-elles en conséquence plus d'esprit ? Non. Quelle idée nette d'ailleurs se former de cette mobilité plus ou moins grande de nerfs ?

(3) Ce que je dis de la bonté peut également s'appliquer à la beauté. L'idée

différente qu'on s'en forme dépend presque toujours de l'application qu'on entend faire de ce mot dans son enfance. M'a-t-on toujours vanté la figure de telle femme en particulier ? cette figure se grave dans ma mémoire comme modele de beauté, et je ne jugerai plus de celle des autres femmes que sur la ressemblance plus ou moins grande qu'elles ont avec ce modele. De là la diversité de nos goûts, et la raison pour laquelle l'un préfere la femme svelte à la femme grasse pour laquelle un autre a plus de desir.

(4) Cette décision de l'église fait sentir le ridicule d'une critique qui m'a été faite. Comment, disoit-on, ai-je pu soutenir que l'amitié étoit fondée sur un besoin et un intérêt réciproque? Mais si l'église et les jésuites eux-mêmes conviennent que Dieu, quelque bon et puissant qu'il soit, n'est point aimé pour lui-même, ce n'est donc point sans cause que j'aime mon ami. Or, de quelle nature peut être cette cause? Ce n'est pas de l'espece de celles

qui produisent la haine, c'est-à-dire un sentiment de mal-aise et de douleur; c'est au contraire de l'espece de celles qui produisent l'amour, c'est-à-dire un sentiment de plaisir. Les critiques qui m'ont été faites à ce sujet sont si absurdes, que ce n'est pas sans honte que j'y réponds.

(5) La primitive église ne chicanoit pas les gens sur leur croyance : Synésius en est un exemple. Il vivoit dans le cinquieme siecle. Il étoit philosophe platonicien. Théophile, alors évêque d'Alexandrie, voulant se faire honneur de cette conversion, pria Synésius de se laisser baptiser. Ce philosophe y consentit à condition qu'il conserveroit ses opinions. Peu de temps après, les habitants de Ptolémaïde demandent Synésius pour leur évêque. Synésius refuse l'épiscopat; et tels sont les motifs que, dans sa cent-cinquieme lettre, il donne à son frere de son refus : « Plus je m'examine, dit-il, « moins je me sens propre à l'épiscopat.

« J'ai jusqu'ici partagé ma vie entre l'é-
« tude de la philosophie et l'amusement:
« au sortir de mon cabinet je me livre
« au plaisir. Or il ne faut pas, dit-on,
« qu'un évêque se réjouisse ; c'est un
« homme divin. Je suis d'ailleurs inca-
« pable de toute application aux affaires
« civiles et domestiques. J'ai une femme
« que j'aime : il me seroit également im-
« possible de la quitter, ou de ne la voir
« qu'en secret. Théophile en est instruit;
« mais ce n'est pas tout. L'esprit n'aban-
« donne pas les vérités qu'il s'est dé-
« montrées. Or, les dogmes de la phi-
« losophie sont contradictoires à ceux
« qu'un évêque doit enseigner. Comment
« prêcher la création de l'ame après le
« corps, la fin du monde, la résurrec-
« tion, et enfin tout ce que je ne crois
« pas? Je ne puis me résoudre à la faus-
« seté. Un philosophe, dira-t-on, peut
« se prêter à la foiblesse du vulgaire,
« lui cacher des vérités qu'il ne peut pas
« porter. Oui : mais il faut alors que la

« dissimulation soit absolument néces-
« saire. Je serai évêque si je puis con-
« server mes opinions, en parler avec
« mes amis, et si, pour entretenir le
« peuple dans l'erreur, on ne me force
« point à lui débiter des fables ; mais,
« s'il faut qu'un évêque prêche contre ce
« qu'il pense, et pense comme le peuple,
« je refuserai l'épiscopat. Je ne sais s'il
« est des vérités qu'on doive cacher au
« vulgaire ; mais je sais qu'un évêque
« ne doit pas prêcher le contraire de ce
« qu'il croit. Il faut respecter la vérité
« comme Dieu : et je proteste devant
« Dieu que je ne trahirai jamais mes sen-
« timents dans mes prédications ». Synésius, malgré sa répugnance, fut ordonné évêque, et tint parole. Les hymnes qu'il composa ne sont que l'exposition des systêmes de Pythagore, de Platon, et des stoïciens, ajustés aux dogmes et au culte des chrétiens.

(6) La pieuse calomnie est encore une vertu de nouvelle création. Rousseau et

moi en avons été les victimes. Que de faux passages de nos ouvrages cités dans les mandements de saints évêques !

(7) Le clergé, qui se dit humble, ressemble à Diogene, dont on voyoit l'orgueil à travers les trous de son manteau.

(8) Qu'on lise à ce sujet les derniers chapitres de la regle de S. Benoît ; l'on y verra que si les moines sont impitoyables et méchants, c'est qu'ils doivent l'être.

En général, des hommes assurés de leur subsistance, et sans inquiétude à cet égard, sont durs; ils ne plaignent point dans les autres des maux qu'ils ne peuvent éprouver. D'ailleurs le bonheur ou le malheur des moines retirés dans un cloître est entièrement indépendant de celui de leurs parents et de leurs concitoyens. Les moines doivent donc voir l'homme des villes avec l'indifférence d'un voyageur pour l'animal qu'il rencontre dans les forêts. Ce sont les lois monastiques qui condamnent le religieux à l'inhumanité.

En effet, qui produit dans les hommes le sentiment de la bienveillance? Le secours éloigné ou prochain qu'ils peuvent se prêter les uns aux autres. C'est ce principe qui rassembla les hommes en société. Les lois isolent-elles mon intérêt de l'intérêt public? dès lors je deviens méchant. De là la dureté des gouvernements arbitraires, et la raison pour laquelle les moines et les despotes ont en général toujours été les plus inhumains des hommes.

(9) On croyoit autrefois que Dieu, selon les temps divers, pouvoit avoir des idées différentes de la vertu; et l'église s'en est clairement expliquée dans le concile de Bâle tenu à l'occasion des hussites. Ceux-ci ayant protesté n'admettre d'autre doctrine que celle contenue dans les écritures, les peres de ce concile leur répondirent, par la bouche du cardinal de Casan, « que les écritures n'étoient point
« absolument nécessaires pour la conser-
« vation de l'église, mais seulement pour

« la mieux conserver ; qu'il falloit tou-
« jours interpréter l'écriture selon le cou-
« rant de l'église actuelle, qui, changeant
« de sentiment, nous oblige de croire
« que Dieu en change aussi. »

(10) On vante beaucoup les restitutions que fait faire la religion. J'ai vu quelquefois restituer le cuivre, et jamais l'or. Les moines n'ont point encore restitué d'héritage, ni les princes catholiques les royaumes envahis en Amérique.

(11) C'est une justice de s'armer d'intolérance contre l'intolérant, comme un devoir au prince d'opposer une armée à une armée ennemie.

(12) En ouvrant l'*Encyclopédie*, article *Vertu*, quelle surprise d'y trouver, non une définition de la vertu, mais une déclamation sur ce sujet ! « Ô homme,
« s'écrie le compositeur de cet article,
« veux-tu savoir ce que c'est que vertu ?
« rentre en toi-même ; sa définition est
« au fond de ton cœur ». Mais pourquoi ne seroit-elle pas également au fond du

cœur de l'auteur? Et, supposé qu'elle y fût, pourquoi ne l'eût-il pas donnée? Peu d'hommes, je l'avoue, ont une si bonne opinion de leurs lecteurs, et si peu d'eux-mêmes. Si cet écrivain eût plus long-temps médité le mot *vertu*, il eût senti qu'elle consiste dans la connoissance de ce que les hommes se doivent les uns aux autres, et qu'elle suppose par conséquent la formation des sociétés. Avant cette formation, quel bien ou quel mal faire à une société non encore existante? L'homme des forêts, l'homme nu et sans langage, peut bien acquérir une idée claire et nette de la force ou de la foiblesse, mais non de la justice et de l'équité. Né dans une île déserte, abandonné à moi-même, j'y vis sans vice et sans vertu; je n'y puis manifester ni l'un ni l'autre. Que faut-il donc entendre par ces mots *vertueuses* et *vicieuses*? Les actions utiles ou nuisibles à la société. Cette idée simple et claire est, à mon sens, préférable à toute déclamation obscure et ampoulée sur la vertu. Un prédicateur qui ne définit rien dans ses sermons sur la vertu, un moraliste qui soutient tous les hommes bons et ne croit pas aux injustes, est quelquefois un sot, mais plus souvent un frippon qui veut être cru honnête simplement parcequ'il est homme.

(13) L'humanité de M. de Fénélon est célebre. Un jour qu'un curé se vantoit devant lui d'avoir les dimanches proscrit les danses de son village : « Monsieur le curé, « dit l'archevêque, soyons moins séveres « pour les autres; abstenons-nous de « danser, mais que les paysans dansent. « Pourquoi ne leur pas laisser quelques « instants oublier leur malheur » ? Fénélon, vrai et toujours vertueux, vécut une partie de sa vie dans la disgrace. Bossuet, son rival en génie, étoit moins honnête : il fut toujours en crédit.

(14) La morale des jésuites et celle de Jésus n'ont rien de commun : l'une est destructive de l'autre. Ce fait est prouvé par les extraits qu'en ont donnés les par-

lements. Mais pourquoi le clergé a-t-il toujours répété qu'on avoit du même coup détruit les jésuites et la religion? C'est que, dans la langue ecclésiastique, religion est synonyme de superstition.

(15) La crainte qu'inspiroient les jésuites sembloit les mettre au-dessus de toute attaque. Pour braver leur haine et leurs intrigues, il falloit pouvoir montrer aux citoyens le poignard régicide enveloppé dans le voile du respect et du dévouement; faire reconnoître l'hypocrisie des jésuites à travers le nuage d'encens qu'ils répandoient autour du trône et des autels; il falloit enfin, pour enhardir la prudence timide des parlements, leur faire nettement distinguer *l'extraordinaire* de *l'impossible*.

(16) Il en est de l'esprit comme de la vertu. L'esprit appliqué aux vraies sciences de la géométrie, de la physique, etc., est esprit dans tous les pays; l'esprit appliqué aux fausses sciences de la magie,

de la théologie, etc., est local. Le premier de ces esprits est à l'autre ce que la monnoie africaine nommée la coquille *coris* est à la monnoie d'or et d'argent : l'une a cours chez quelques nations negres, l'autre dans tout l'univers.

(17) Sur quoi doit-on établir les principes d'une bonne morale ? Sur un grand nombre de faits et d'observations. C'est donc à la formation trop prématurée de certains principes qu'on doit peut-être attribuer leur obscurité et leur fausseté. En morale, comme en toute autre science, avant d'édifier un système, l'essentiel est de ramasser les matériaux nécessaires pour le construire. On ne peut plus maintenant ignorer qu'une morale expérimentale, et fondée sur l'étude de l'homme et des choses, ne l'emporte autant sur une morale spéculative et théologique, que la physique expérimentale sur une théorie vague et incertaine. C'est parceque la morale religieuse n'eut jamais l'expérience pour base que l'empire

théologique fut toujours réputé le royaume des ténebres.

(18) Les moines eux-mêmes n'ont pas toujours fait le même cas de la pudeur. Quelques uns, sous le nom de *mamillaires*, ont cru qu'on pouvoit sans péché prendre la gorge d'une religieuse. Il n'est point d'acte d'impudicité dont la superstition n'ait fait quelque part un acte de vertu. Au Japon, les bonzes peuvent aimer les hommes, et non les femmes. Dans certains cantons du Pérou, les actes de l'amour grec étoient des actes de piété; c'étoit un hommage aux dieux, et qu'on leur rendoit publiquement dans leurs temples.

(19) Mme. Makaley, illustre auteur d'une histoire d'Angleterre, est le Caton de Londres. « Jamais, dit-elle, la vue « d'un despote ou d'un prince n'a souillé « la pureté de mes regards. »

(20) Une absurdité commune à tous les peuples, c'est d'attendre de leur despote humanité, lumieres. Vouloir former

de bons écoliers sans punir les paresseux et récompenser les diligents, c'est folie. Abolir la loi qui punit le vol et l'assassinat, et vouloir qu'on ne vole ni n'assassine, c'est une volonté contradictoire. Vouloir qu'un prince s'occupe des affaires de l'état, et qu'il n'ait point intérêt de s'en occuper, c'est-à-dire qu'il ne puisse être puni s'il les néglige ; vouloir enfin qu'un homme au-dessus de la loi, c'est-à-dire un homme sans loi, soit toujours humain et vertueux, c'est vouloir un effet sans cause.

(21) Les Calmouks épousent tant de femmes qu'ils veulent; ils ont en outre autant de concubines qu'ils en peuvent nourrir.

(22) Chacun se dit, J'ai les plus saines idées de la vertu, qui ne pense pas comme moi a tort. Chacun se moque de son voisin; tout le monde se montre au doigt, et ne rit jamais de soi que sous le nom d'autrui. Le même inquisiteur qui condamnoit Galilée méprisoit certainement

la scélératesse et la stupidité des juges de Socrate: il ne pensoit pas qu'un jour il seroit comme eux le mépris de son siecle et de la postérité.

(23) Barillon fut exilé à Amboise; et Richelieu, qui l'y relégua, fut le premier des ministres, dit le cardinal de Retz, qui osa punir dans les magistrats « la no-
« ble fermeté avec laquelle ils représen-
« toient au roi des vérités pour la dé-
« fense desquelles leur serment les obli-
« geoit d'exposer leur vie. »

(24) S'il est vrai que la vertu soit utile aux états, il est donc utile d'en présenter des idées nettes, et de les graver dès la plus tendre enfance dans la mémoire des hommes. J'ai dit dans le livre de l'*Esprit*, discours III, chapitre XIII : « La vertu
« n'est autre chose que le desir du bon-
« heur public. Le bien général est l'objet
« de la vertu, et les actions qu'elle com-
« mande sont les moyens dont elle se
« sert pour remplir cet objet. »

L'entrée d'une marchandise étrangere

aujourd'hui permise en Allemagne comme avantageuse à son commerce, et conforme au bien de l'état, peut être demain défendue; on peut demain en déclarer l'achat criminel, si par quelques circonstances cet achat devient préjudiciable à l'intérêt national. « Les mêmes actions
« peuvent donc successivement devenir
« utiles et nuisibles à un peuple, et mé-
« riter tour-à-tour le nom de vertueu-
« ses ou de vicieuses, sans que l'idée
« de la vertu change et cesse d'être la
« même. »

Quoi de plus d'accord avec la loi naturelle que cette idée? Cependant tel fut le pouvoir de l'envie et de l'hypocrisie, que je fus persécuté par le même clergé qui, sans réclamation, avoit souffert qu'on élevât au cardinalat l'audacieux Bellarmin pour avoir soutenu « que, si le pape
« défendoit l'exercice de la vertu, et
« commandoit le vice, l'église romaine,
« sous peine de péché, seroit obligée
« d'abandonner la vertu pour le vice:

« *nisi vellet contra conscientiam*
« *peccare* ». Le pape, selon ce jésuite,
avoit donc le droit de détruire la loi naturelle, d'étouffer dans l'homme toute
idée du juste et de l'injuste, et de replonger enfin la morale dans le chaos
dont les philosophes ont tant de peine à
la tirer.

(25) Par métaphysique je n'entends pas
ce jargon inintelligible qui, transmis des
prêtres égyptiens à Pythagore, de Pythagore à Platon, de Platon à nous, est encore
enseigné dans quelques écoles. Par ce
mot j'entends, comme Bacon, la science
des premiers principes de quelque art ou
science que ce soit. La poésie, la musique, la peinture, ont leurs principes
fondés sur une observation constante et
générale; elles ont donc aussi leur métaphysique bien différente de la premiere.
Je compare ces deux sortes de métaphysiques aux deux philosophies différentes
de Démocrite et de Platon. C'est de la
terre que le premier s'éleve par degrés

jusqu'au ciel, et c'est du ciel que le second s'abaisse par degrés jusqu'à la terre. Le système de Platon est fondé sur les nues, et le souffle de la raison a déja en partie dissipé les nuages et le système.

(26) Les hommes ont toujours été gouvernés par les mots. Diminue-t-on de moitié le poids de l'écu d'argent? si l'on lui conserve la même valeur numéraire, le soldat croit avoir à-peu-près la même paie. Le magistrat en droit de juger définitivement jusqu'à la concurrence de certaine somme, c'est-à-dire de tel poids en argent, n'ose juger jusqu'à la concurrence de la moitié de cette somme. Voilà comme les hommes sont dupes des mots et de leur signification incertaine. Les écrivains parleront-ils toujours de *bonnes mœurs* sans attacher à ce mot d'idées nettes et précises? Ignoreront-ils toujours que *bonnes mœurs* est une de ces expressions vagues dont chaque nation se forme des idées différentes; que s'il est de *bonnes mœurs*

universelles, il en est aussi de *locales*; et qu'en conséquence je puis, sans blesser les *bonnes mœurs*, avoir un serrail à Constantinople, et non à Vienne?

(27) Les disputes théologiques ne sont et ne peuvent jamais être que des disputes de mots. Que les gouvernements les méprisent, les théologiens, après s'être injuriés et réciproquement accusés d'hérésie, etc., se lasseront de parler sans s'entendre et sans être entendus. La crainte du ridicule leur imposera silence.

(28) C'est à des disputes de mots qu'il faut pareillement rapporter presque toutes ces accusations d'athéisme. Il n'est point d'homme éclairé qui ne reconnoisse une force dans la nature; il n'est donc point d'athée. Celui-là n'est point athée qui dit, le mouvement est Dieu; parcequ'en effet le mouvement est incompréhensible, parcequ'on n'en a pas d'idées nettes, parcequ'il ne se manifeste que par ses effets, et qu'enfin c'est par lui que tout s'opere dans l'univers. Celui-là n'est

pas athée qui dit, au contraire, le mouvement n'est pas dieu ; parceque le mouvement n'est pas un être, mais une maniere d'être. Ceux-là ne sont pas athées qui soutiennent le mouvement essentiel à la matiere, qui le regardent comme la force invisible et motrice qui se répand dans toutes ses parties. Voit-on les astres changer continuellement de lieu, se rouler perpétuellement sur leur centre? voit-on tons les corps se détruire et se reproduire sans cesse sous des formes différentes? voit-on enfin la nature dans une fermentation et une dissolution éternelles? qui peut nier que le mouvement ne soit, comme l'étendue, inhérent aux corps, et que le mouvement ne soit cause de ce qui est? En effet, si l'on donne toujours le nom de cause et d'effet à la concomitance de deux faits, et que, par-tout où il y a des corps il y ait du mouvement, on doit donc regarder le mouvement comme l'ame universelle de la matiere et de la divinité qui seule en pénetre la substance. Mais les philosophes qui sont de cette derniere opinion sont-ils athées ? Non : ils reconnoissent également une force inconnue dans l'univers. Ceux même qui n'ont point d'idées de Dieu sont-ils athées ? Non, parceque tous les hommes le seroient ; parcequ'aucun n'a d'idées nettes de la divinité ; parcequ'en ce genre toute idée obscure est égale à zéro, et qu'enfin avouer l'incompréhensibilité de Dieu, c'est dire, sous un tour de phrase différent, qu'on n'en a point d'idée.

(29) Il faut des desirs à l'homme pour être heureux, des desirs qui l'occupent, mais dont son travail ou ses talents puissent lui procurer l'objet. Entre les desirs de cette espece, le plus propre à l'arracher à l'ennui est le desir de la gloire.

(30) Loin de condamner l'esprit de système, je l'admire dans les grands hommes. C'est aux efforts faits pour défendre ou détruire ces systèmes qu'on doit sans doute une infinité de découvertes. Qu'on tente donc d'expliquer, s'il est possible,

par un seul principe tous les phénomenes physiques de la nature; mais, toujours en garde contre ces principes, qu'on les regarde simplement comme une des clefs différentes qu'on peut successivement essayer, dans l'espoir de trouver enfin celle qui doit ouvrir le sanctuaire de la nature. Que sur-tout l'on ne confonde point ensemble les contes et les systêmes: ces derniers veulent être appuyés sur un grand nombre de faits; ce sont les seuls qu'on puisse enseigner dans les écoles publiques, pourvu néanmoins qu'on n'en soutienne point encore la vérité cent ans après que l'expérience en a démontré la fausseté.

(31) Pourquoi, demandoit-on à un certain cardinal, fut-il en tous les temps des prêtres, des religions, et des sorciers? C'est, répondit-il, qu'en tous les temps il fut des abeilles et des frêlons, des laborieux et des paresseux, des dupes et des frippons.

(32) Sans examiner s'il est de l'intérêt

public d'admettre le dogme de l'immortalité de l'ame, j'observerai qu'au moins ce dogme n'a pas toujours été regardé politiquement comme utile. Il prit naissance dans les écoles de Platon ; et Ptolomée Philadelphe, roi d'Égypte, le crut si dangereux, qu'il défendit sous peine de mort de l'enseigner dans ses états.

(33) On sait que les anciens druïdes étoient animés du même esprit que le prêtre papiste ; qu'ils avoient, avant lui, inventé l'excommunication ; qu'ils vouloient, comme lui, commander aux peuples et aux rois ; et qu'ils prétendoient avoir, comme les inquisiteurs, droit de vie et de mort chez tous les peuples où ils s'établissoient.

(34) J'assistois un jour aux représentations que le clergé d'une cour d'Allemagne faisoit à son prince. J'étois porteur de l'anneau merveilleux qui fait dire et écrire aux hommes non ce qu'ils veulent que les autres entendent et lisent, mais ce qu'ils pensent réellement. Sans la vertu de

mon anneau, je n'aurois jamais sans doute entendu ni lu le discours suivant.

Lorsque le clergé croyoit assurer le prince que la religion étoit perdue dans ses états, que la débauche et l'impiété y marchoient le front levé, que les saints jours y étoient profanés par le travail, que la liberté de la presse ébranloit les fondements du trône et des autels, et qu'en conséquence les évêques enjoignoient au souverain d'armer les lois contre la liberté de penser, de protéger l'église, et d'en détruire les ennemis; telles sont les paroles que je crus entendre dans cette adresse :

« Prince, votre clergé est riche et puis-
« sant, et voudroit l'être encore davan-
« tage. Ce n'est point la perte des mœurs
« et de la religion, c'est celle de son cré-
« dit qu'il déplore ; il desire le plus grand,
« et vos peuples sont sans respect pour le
« sacerdoce : nous les déclarons donc
« impies : nous vous sommons de ranimer
« leur piété, et de donner à cet effet à

« votre clergé plus d'autorité sur eux. Le
« moment choisi pour se porter accusa-
« teur de vos peuples et vous irriter
« contre eux n'est peut-être pas le plus
« favorable ; jamais vos soldats n'ont été
« si braves, vos artisans plus industrieux,
« vos citoyens plus amis du bien public,
« et par conséquent plus vertueux. On
« vous dira sans doute que les peuples les
« plus immédiatement soumis au clergé,
« que les Romains modernes, n'ont ni la
« même valeur, ni le même amour pour
« la patrie, ni par conséquent la même
« vertu. On ajoutera peut-être que l'Es-
« pagne et le Portugal, où le clergé com-
« mande si impérieusement, sont ruinés
« et dévastés par l'ignorance, la paresse
« et la superstition, et qu'enfin, entre
« tous les peuples, ceux qui sont généra-
« lement honorés et respectés sont ces
« mêmes peuples éclairés auxquels l'église
« catholique donnera toujours le nom
« d'impies.

« Que votre oreille, ô prince, soit tou-

« jours fermée à de pareilles représenta-
« tions ; que, de concert avec son clergé,
« elle répande les ténebres dans son em-
« pire, et sache qu'un peuple instruit,
« riche et sans superstition, est aux yeux
« du prêtre un peuple sans mœurs. Sont-
« ce en effet des citoyens aisés et in-
« dustrieux qui, par exemple, auront
« pour la vertu de la continence tout le
« respect qu'elle mérite ?

« Il en est, dira-t-on, à cet égard, du
« siecle présent comme des siecles passés.
« Charlemagne, créé saint pour sa libéra-
« lité envers le sacerdoce, aimoit les fem-
« mes comme François I et Henri VIII.
« Henri III, roi de France, avoit un goût
« moins décent. Henri IV, Élisabeth, Louis
« XIV, la reine Anne, caressoient leurs maî-
« tresses ou leurs amants de la même main
« dont ils terrassoient leurs ennemis. On
« ajoutera que les moines eux-mêmes ont
« presque toujours cueilli en secret les
« plaisirs défendus, et qu'enfin, sans
« changer la constitution physique des

« citoyens, il est très difficile de les arra-
« cher au penchant damnable qui les porte
« vers les femmes. Il est cependant un
« moyen de les y soustraire, c'est de les
« appauvrir. Ce n'est point des corps
« sains et bien nourris qu'on peut chasser
« le démon de la chair ; l'on n'y parvient
« que par la priere et le jeûne.

« Qu'à l'exemple de quelques uns de
« ses voisins votre majesté nous per-
« mette donc de dépouiller ses sujets de
« toute superfluité, de dîmer leurs terres,
« de piller leurs biens, et de les tenir au
« plus étroit nécessaire. Si, touchée de
« ces pieuses remontrances, elle se rend
« à nos prieres, que de bénédictions ac-
« cumulées sur elle ! Tout éloge seroit au-
« dessous d'une action si méritoire. Mais
« dans un siecle où la corruption infecte
« tous les esprits, où l'impiété endur-
« cit tous les cœurs, peut-on espérer que
« votre majesté et ses ministres adoptent
« un conseil si salutaire, un moyen si facile
« d'assurer la continence de ses sujets ?

« Quant à la profanation des saints
« jours, nos remontrances à cet égard
« paroîtront encore absurdes. L'homme
« qui travaille fêtes et dimanches ne
« s'enivre point; il ne court point les
« femmes; il ne nuit à personne; il sert
« son pays; il accroît l'aisance de sa fa-
« mille; il augmente le commerce de sa
« nation.

« De deux peuples également puissants
« et nombreux, que l'un fête, comme en
« Espagne, cent trente jours de l'année,
« et quelquefois le lendemain; que l'autre,
« au contraire, n'en fête aucun; le der-
« nier de ces peuples aura quatre-vingt ou
« nonante jours de travail plus que le pre-
« mier. Il pourra donc fournir à plus bas
« prix les marchandises de ses manufac-
« tures; ses terres seront mieux cultivées,
« ses moissons plus abondantes. Mais
« qu'importe à vos prêtres? Ce que leur
« apprend l'expérience, c'est que moins un
« homme fréquente les temples, moins il
« a de respect pour leurs ministres, et

« moins ces ministres ont de crédit sur lui.
« Or si la puissance est la premiere passion
« du prêtre, peu lui importe que le jour
« de fête soit pour l'artisan un jour de dé-
« bauche; qu'au sortir du temple il coure
« les filles et les cabarets, et qu'enfin les
« après-vêpres soient si scandaleuses. Plus
« de péchés, plus d'expiations, plus d'of-
« frandes, plus le sacerdoce acquiert de
« richesses et de pouvoir. Quel est l'in-
« térêt de l'église? de multiplier les vices :
« que demande-t-elle aux hommes? d'être
« stupides et pécheurs. Quant à la liberté
« de la presse, si votre clergé s'éleve si
« violemment contre elle, s'il vous redit
« sans cesse qu'elle sape les fondements
« de la foi, et rend la religion ridicule; ce
« n'est pas qu'il ne sente, comme le solide
« et l'ingénieux auteur de l'*Investigator*
« *anglais*, que la vérité est à l'épreuve
« du ridicule; que le ridicule ne mord point
« sur elle, et qu'il en est la pierre de
« touche. Un ridicule jeté sur une dé-
« monstration est de la boue jetée sur

« du marbre; elle le tache un instant, se
« seche; il pleut, et la tache a disparu.
« Convenir qu'une religion ne peut sup-
« porter le ridicule, ce seroit en avouer
« la fausseté. L'église catholique ne répe-
« te-t-elle pas sans cesse que les portes de
« l'enfer ne prévaudront jamais contre
« elle? Oui : mais les prêtres ne sont pas
« la religion. Le ridicule peut affoiblir
« leur autorité, peut enchaîner leur am-
« bition; ils crieront donc toujours contre
« la liberté de la presse, exigeront que
« votre majesté interdise à ses sujets le
« droit d'écrire et de penser; qu'elle les
« dépouille, à cet égard, des privilege de
« l'homme, et ferme enfin la bouche à
« quiconque pourroit l'instruire.

« Si tant de demandes vous paroissent
« indiscretes, et que, jaloux du bonheur
« de vos peuples, vous vouliez, sire, ne
« commander qu'à des citoyens éclairés,
« sachez que la même conduite qui vous
« rendra cher à vos sujets et respectable à
« l'étranger vous sera imputée à crime

« par votre clergé. Redoutez la vengeance
« d'un corps puissant, et, pour la prévenir,
« remettez-lui votre épée ; c'est alors qu'as-
« suré de la piété de vos peuples, le sa-
« cerdoce pourra recouvrer sur eux son
« ancienne autorité, l'étendre de jour en
« jour, et, lorsque cette autorité sera af-
« fermie, s'en servir pour vous y sou-
« mettre vous-même.

« Nous desirons d'autant plus vivement
« que votre majesté ait égard à cette sup-
« plique et nous octroie notre demande,
« qu'elle nous délivrera d'une inquiétude
« sourde, et qui n'est pas sans fondement.
« Il peut s'établir des quakers dans ses
« états ; ils peuvent se proposer de donner
« *gratis* aux villes, bourgs, villages et
« hameaux, toute l'instruction morale et
« religieuse qui leur est nécessaire. Il
« peut d'ailleurs se former quelque
« compagnie de finance qui prenne au
« rabais l'entreprise de cette même in-
« struction, et la fournisse meilleure et à
« meilleur compte. Qui sait s'il ne pren-

« droit point envie aux magistrats de
« s'emparer de nos richesses, d'acquitter
« avec nos biens une partie de la dette
« nationale, et par ce moyen de faire
« peut-être de votre nation la plus redou-
« table de l'Europe? Or, il nous importe
« peu, sire, que vos peuples soient heu-
« reux et redoutés, mais beaucoup que le
« sacerdoce soit riche et puissant. »

Voilà ce que me parurent contenir les représentations du clergé. Je ne me lassois point de considérer l'adresse, l'habileté avec laquelle les prêtres avoient, en tous pays, toujours demandé au nom du ciel la puissance et les richesses de la terre; j'admirois la confiance qu'ils avoient toujours eue dans la sottise des peuples, et sur-tout des puissants. Mais ce qui m'étonnoit encore plus, c'étoit (en me rappelant les siecles d'ignorance) de voir qu'à cet égard la plupart des souverains avoient toujours été au-delà de l'attente du clergé.

(35) Quelques uns veulent qu'au mo-

ment de notre naissance Dieu grave en nos cœurs les préceptes de la loi naturelle: le contraire est prouvé par l'expérience. Si Dieu doit être regardé comme l'auteur de la loi naturelle, c'est en tant qu'il est l'auteur de la sensibilité physique, et qu'elle est mere de la raison humaine. Cette espece de sensibilité, lors de la réunion des hommes en société, les força, comme je l'ai déja dit, de faire entre eux des conventions et des lois, dont la collection compose ce qu'on appelle la loi naturelle. Mais cette loi fut-elle la même chez les divers peuples? Non : sa plus ou moins grande perfection fut toujours proportionnée aux progrès de l'esprit humain, à la connoissance plus ou moins étendue que les sociétés acquirent de ce qui leur étoit utile ou nuisible; et cette connoissance fut chez toutes les nations le produit du temps, de l'expérience et de la raison.

(36) Se peut-il qu'on ait, chez presque tous les peuples, attaché l'idée de sain-

teté à l'observation d'une cérémonie rituelle, d'une ablution, etc.? Peut-on ignorer encore que les seuls citoyens constamment vertueux et humains sont les hommes heureux par leur caractere? En effet, quels sont, parmi les dévots, les hommes les plus estimables? Ceux qui, pleins de confiance en Dieu, oublient qu'il est un enfer. Quels sont, au contraire, parmi ces mêmes dévots, les plus barbares? Ceux qui, timides, inquiets et malheureux, voient toujours l'enfer ouvert sous leurs pas. Si la jeunesse est en général plus vertueuse et plus humaine que la vieillesse, c'est qu'elle a plus de desirs, plus de santé, qu'elle est plus heureuse. La nature fut sage de borner la vie de l'homme à quatre-vingts ou cent ans. Si le ciel eût prolongé sa vieillesse, l'homme eût été trop méchant.

(37) En Tartarie, sous le nom de dalai lama, le grand pontife est immortel : en Italie, sous le nom de pape, le même

pontife est infaillible. Dans le pays des Mongales, le vicaire du grand lama reçoit le titre de *kutuchta*, c'est-à-dire, vicaire du Dieu vivant : en Europe, le pape porte le même nom. A Bagdad, en Tartarie, au Japon, dans le dessein d'avilir et de soumettre les rois, les pontifes sous le nom de calife, de lama, de daïro, ont fait baiser leurs pieds aux empereurs ; ils ont exigé que, montés sur leur mule, les empereurs en tinssent la bride et les promenassent ainsi par les rues. Le pape n'a-t-il pas exigé les mêmes complaisances des empereurs et des monarques d'occident ? Les pontifes, en tout pays, ont donc eu les mêmes prétentions, et les princes la même soumission.

Si les disputes pour le calificat ont fait en orient uisseler le sang humain, les disputes pour la papauté l'ont pareillement fait couler en occident. Six papes assassinerent leurs prédécesseurs, et se mirent en leur place. Les papes, dit Baronius, n'étoient point alors des hommes, mais des monstres.

N'a-t-on pas vu par-tout le nom d'orthodoxie donné à la religion du plus fort, et celui d'hérésie à celle du foible? Par-tout le pouvoir sacerdotal fut producteur du fanatisme, et le fanatisme du meurtre; par-tout les hommes se firent brûler pour des sottises théologiques, et donnerent en ce genre les mêmes preuves d'opiniâtreté et de courage.

Mais ce n'est pas uniquement dans les affaires de religion que les peuples se sont par-tout montrés les mêmes : ils n'ont pas moins conservé de ressemblances entre eux lorsqu'il s'est agi de quelque changement dans leurs usages et leurs coutumes. Les Tartares Mantcheoux, vainqueurs des Chinois, veulent leur couper les cheveux : ces derniers brisent leurs fers, attaquent, défont ces redoutables Mantcheoux, et triomphent de leurs vainqueurs. Le czar veut faire raser les Russes, ils se révoltent. Le roi d'Angleterre veut donner des culottes aux montagnards écossois, ils s'arment. De l'orient à l'occident les peuples sont donc partout les mêmes, et par-tout les mêmes causes élevent et détruisent les empires.

La preuve que les hommes sont partout les mêmes, c'est l'avilissement et l'ignorance où tombent successivement tous les peuples, selon l'intérêt que le gouvernement croit avoir de les abrutir.

Quel est en Espagne, en Allemagne, en Angleterre même, le premier soin de l'homme en place? Celui de s'enrichir. L'affaire publique ne marche qu'après la sienne. Dans les charges inférieures de la judicature, si presque tous les hommes ont la même morgue et la même incapacité pour les affaires d'administration, à quoi l'attribuer? Au défaut de leur organisation? non, mais à celui de leur instruction. Tout homme exercé aux finesses de la chicane, accoutumé à ne juger que d'après l'autorité, remonte difficilement jusqu'aux premiers principes des lois; il agrandit sa mémoire et rétrécit son jugement. Dans l'esprit comme dans le corps, il n'est de parties fortes que les parties exercées. Les jambes des porteurs de chaises et les bras des bouchers en sont la preuve. Si les muscles de la raison sont dans les gens de lois communément assez foibles, c'est qu'ils en font peu d'usage.

Qu'on promene ses regards sur l'univers entier, si l'on reconnoît même ambition dans tous les cœurs, même crédulité dans tous les esprits, même fourberie dans tous les prêtres, même coquetterie dans toutes les femmes, même desir de s'enrichir dans tous les citoyens, comment ne pas convenir que les hommes, tous semblables les uns aux autres, ne different que par la diversité de leur instruction; qu'en tous les pays leurs organes sont à-peu-près les mêmes, qu'ils en font à-peu-près le même usage, et qu'enfin les mains indiennes et chinoises sont, par cette raison, aussi adroites dans la fabrique des étoffes que les mains européennes? Rien n'indique donc, comme on le répete sans cesse, que ce soit à la différence des latitudes qu'on doive attribuer l'inégalité des esprits.

(38) Les ruses des prêtres sont les mêmes par-tout; par-tout les prêtres sont jaloux de s'approprier l'argent des laïques. L'église romaine à cet effet vend la permission d'épouser sa parente; elle s'engage pour tant de messes, c'est-à-dire pour tant de pieces de 12 sous, à délivrer tous les ans tant d'ames du purgatoire, par conséquent à leur faire remettre tant de péchés. A la pagode de Tinagogo, comme à Rome, les prêtres, pour les mêmes sommes, vendent à-peu-près les mêmes espérances.

« A Tinagogo (dit l'auteur de l'Histoire
« générale des voyages, t. IX, p. 462),
« le troisieme jour d'après un sacrifice qui
« se fait à la nouvelle lune de décembre,
« on place dans six longues et belles rues
« une infinité de balances suspendues

« par une verge de bronze. Là, chaque
« dévot, pour obtenir la rémission de
« ses péchés, monte dans l'un des pla-
« teaux de ces balances, et, selon l'espece
« différente de ses fautes, met pour con-
« trepoids dans l'autre plateau différentes
« especes de denrées ou de monnoies. Se
« reproche-t-il la gourmandise, la viola-
« tion du jeûne? il se pese contre du miel,
« du sucre, des œufs et du beurre. S'est-il
« livré aux plaisirs sensuels? il se pese
« contre du coton, de la plume, du drap,
« des parfums et du vin. A-t-il été dur
« envers les pauvres? il se pese contre des
« pieces de monnoie. Est-il paresseux?
« contre du bois, du riz, du charbon, des
« bestiaux et des fruits. Est-il enfin or-
« gueilleux? il se pese contre du poisson
« sec, des balais, de la fiente de va-
« ches, etc. Tout ce qui sert de contre-
« poids aux pécheurs appartient aux prê-
« tres; toutes ces especes de dons forment
« des piles d'une grande hauteur. Les pau-
« vres même qui n'ont rien à donner ne

« sont point exempts de ces aumônes; ils
« offrent leurs cheveux; plus de cent prê-
« tres sont assis, les ciseaux en main pour
« les leur couper; ces cheveux forment
« aussi de grands monceaux : plus de mille
« prêtres, rangés en ordre, en font des
« cordons, des tresses, des bagues, des
« bracelets, etc., que des dévots achetent
« et emportent comme de précieux gages
« de la faveur du ciel. Pour se faire une
« idée de la somme à laquelle on peut
« évaluer ces aumônes pour la seule pa-
« gode de Tinagogo, il suffira, dit Pinto,
« auteur de cette relation, de rapporter
« que l'ambassadeur ayant demandé aux
« prêtres à quelle somme ils estimoient
« ces aumônes, ils lui répondirent sans
« hésiter que des seuls cheveux des pau-
« vres ils en tiroient chaque année plus
« de cent mille pardins, qui font quatre-
« vingt-dix mille ducats portugais. »

(39) Quelques philosophes ont défini l'homme *un singe qui rit*; d'autres, *un animal raisonnable*; quelques uns en-

fin, *un animal crédule*. Cette définition de l'homme ne seroit-elle pas la plus vraie ?

(40) Chacun demande, qu'est-ce que vérité ou évidence ? La racine des mots indique l'idée qu'on y doit attacher. Évidence est un dérivé de *videre*, *video*, je vois. Qu'est-ce qu'une proposition évidente pour moi ? c'est un fait de l'existence duquel je puis m'assurer par le témoignage de mes sens, jamais trompeurs, si je les interroge avec la précaution et l'attention requise. Qu'est-ce qu'une proposition évidente pour le général des hommes ? C'est pareillement un fait dont tous peuvent s'assurer par le témoignage de leurs sens, et dont ils peuvent de plus vérifier à chaque instant l'existence. Tels sont ces deux faits, *deux et deux font quatre*, *le tout est plus grand que sa partie*.

Si je prétends, par exemple, que dans les mers du nord il est un polype monstrueux nommé *kraken*, et que ce polype est grand comme une petite île, ce fait, évident pour moi si je l'ai vu, si j'ai porté à son examen toute l'attention nécessaire pour m'assurer de sa réalité, n'est pas même probable pour qui ne l'a pas vu. Il est plus raisonnable de douter de ma véracité que de croire à l'existence d'un animal si extraordinaire. Mais si, d'après les voyageurs, je décris la véritable forme des édifices de Pékin, cette description, évidente pour ceux qui l'habitent, n'est que plus ou moins probable pour les autres. Aussi le vrai n'est-il pas toujours évident, et le probable est-il souvent vrai. Mais en quoi l'évidence differe-t-elle de la probabilité? Je l'ai déja dit : « Évidence est un fait qui tombe sous « nos sens et dont tous les hommes peu- « vent à chaque instant vérifier l'existence. « Quant à la probabilité, elle est fondée « sur des conjectures, sur le témoignage « des hommes, et sur cent preuves de « cette espece. Évidence est un point « unique. Il n'est point divers degrés « d'évidence ; il est au contraire divers

« degrés de probabilité, selon la diffé-
« rence, 1°. des gens qui attestent, 2°. du
« fait attesté ». Cinq hommes me disent
avoir vu un ours dans les forêts de la
Pologne : ce fait, que rien ne contredit,
est pour moi très probable. Mais que
non seulement ces cinq hommes, mais
encore cinq cents autres, m'attestent
avoir rencontré dans ces mêmes forêts
des spectres, des ogres, des vampires,
leur témoignage réuni n'a pour moi rien
de probable, parcequ'il est en pareil cas
encore plus commun de rassembler cinq
cents menteurs que de voir de tels prodiges.

(41) Met-on sous nos yeux tous les
faits de la comparaison desquels doit
résulter une vérité nouvelle ? attache-t-on
des idées nettes aux mots dont on se sert
pour la démontrer ? rien alors ne la dé-
robe à nos regards ; et cette vérité,
bientôt réduite à un fait simple, sera,
par tout homme attentif, conçue presque
aussitôt que proposée. A quoi donc attri-

buer le peu de progrès d'un jeune homme dans les sciences? A deux causes; l'une, au défaut de méthode dans les maîtres; l'autre, au défaut d'ardeur et d'attention dans l'éleve.

(42) Cette métamorphose perpétuelle du génie en science m'a souvent fait soupçonner que tout dans la nature se prépare et s'amene de lui-même. Peut-être la perfection des arts et des sciences est-elle moins l'œuvre du génie que du temps et de la nécessité. Le progrès uniforme des sciences dans tous les pays confirmeroit cette opinion. En effet, si dans toutes les nations, comme l'observe M. Hume, « ce n'est qu'après avoir bien « écrit en vers qu'on parvient à bien écrire « en prose », une marche si constante de la raison humaine me paroîtroit l'effet d'une cause générale et sourde. Elle supposeroit du moins une égale aptitude à l'esprit dans tous les hommes de tous les siecles et de tous les pays.

(43) Puisque les hommes conversent et

disputent entre eux, il faut donc qu'ils se sentent intérieurement doués de la faculté d'appercevoir les mêmes vérités, et par conséquent d'une égale aptitude à l'esprit. Sans cette conviction, quoi de plus absurde que les disputes des politiques et des philosophes ? Que serviroit de se parler si l'on ne pouvoit s'entendre ? Si on le peut, il est donc évident que l'obscurité d'une proposition n'est jamais dans les choses, mais dans les mots. Cette vérité, prouvée par l'expérience, donne la solution du problème proposé il y a cinq ou six ans par l'académie de Berlin : « Savoir « si les vérités métaphysiques en géné- « ral, si les premiers principes de la « théologie naturelle et de la morale, « sont susceptibles de la même évidence « que les vérités géométriques ». Attache-t-on une idée nette au mot *probité ?* la regarde-t-on avec moi comme *l'habitude des actions utiles à la patrie ?* que faire pour déterminer démonstrativement quelles sont les actions vertueuses ou vicieuses ? Nommer celles qui sont utiles ou nuisibles à la société. Rien de plus facile. Il est donc certain, si le bien public est l'objet de la morale, que ses préceptes, fondés sur des principes aussi sûrs que ceux de la géométrie, sont, comme les propositions de cette derniere science, susceptibles des démonstrations les plus rigoureuses. Il en est de même de la métaphysique. C'est une science vraie lorsque, distinguée de la scholastique, on la resserre dans les bornes que lui assigne la définition de Bacon.

SECTION III.

Des causes générales de l'inégalité des esprits.

CHAPITRE I.

Quelles sont ces causes.

Elles se réduisent à deux.

L'une est l'enchaînement différent des évènements, des circonstances et des positions où se trouvent les divers hommes. (Enchaînement auquel je donne le nom de hasard.)

L'autre est le desir plus ou moins vif qu'ils ont de s'instruire.

Le hasard n'est pas précisément aussi favorable à tous ; et cependant il a plus de part qu'on n'imagine aux découvertes dont on fait honneur au génie. Pour connoître toute l'influence du hasard, qu'on consulte l'expérience ; elle nous apprendra que dans les arts c'est à lui que nous devons presque toutes nos découvertes.

En chymie, c'est au travail du grand œuvre que les adeptes doivent la plupart de leurs secrets. Ces secrets n'étoient pas l'objet de leur recherche ; ils ne sont donc pas le produit du génie. Qu'on applique aux différents genres de sciences ce que je dis de la chymie, on verra qu'en chacune d'elles le hasard a tout découvert : notre mémoire est le creuset des souffleurs. C'est du mélange de certaines matières jetées sans dessein dans un creuset que résultent quelquefois les effets les plus inattendus et les plus étonnants ; et c'est pareillement du mélange de certains faits placés sans dessein dans notre souvenir que résultent nos idées les plus neuves et les plus sublimes. Toutes les sciences sont également soumises à l'empire du hasard ; son influence est la même sur toutes, mais ne se manifeste point d'une maniere aussi frappante.

CHAPITRE II.

Toute idée neuve est un don du hasard.

UNE vérité entièrement inconnue ne peut être l'objet de ma méditation ; lorsque je l'entrevois, elle est déja découverte. Le premier soupçon est le trait du génie. A qui dois-je ce premier soupçon ? Est-ce à mon esprit ? Il ne pouvoit s'occuper de la recherche d'une vérité dont il ne supposoit pas même l'existence : ce soupçon est donc l'effet d'un mot, d'une lecture, d'une conversation (a), d'un accident, enfin d'un rien auquel je donne le nom de hasard. Or, si nous lui sommes redevables de ces premiers soupçons, et par conséquent de ces découvertes, peut-on assurer que nous ne lui devions pas encore le moyen de les étendre et de les perfectionner ?

La sirene de Comus est l'exem-

(a) C'est à la chaleur de la conversation et de la dispute qu'on doit souvent ses idées les plus heureuses. Si ces idées une fois échappées de la mémoire ne s'y représentent plus et sont perdues sans retour, c'est qu'il est presque impossible de se trouver deux fois précisément dans le concours de circonstances qui les avoit fait naître. On doit donc regarder de telles idées comme des dons du hasard.

ple le plus propre à développer mes idées. Si l'on a long-temps montré cette sirene à la foire sans que personne en devinât le méchanisme, c'est que le hasard ne mettoit sous les yeux de personne les objets de la comparaison desquels devoit résulter cette découverte ; il avoit été plus favorable à Comus. Mais pourquoi n'est-il pas compté en France parmi les grands esprits ? C'est que son méchanisme est plus curieux que vraiment utile : s'il eût été d'un avantage très général et très étendu, nul doute que la reconnoissance publique n'eût mis Comus au rang des hommes les plus illustres. Il eût dû sa découverte au hasard, et le titre d'homme de génie à l'importance de cette découverte.

Que résulte-t-il de cet exemple ? 10. Que toute idée neuve est un don du hasard; 2°. que, s'il est des méthodes sûres pour former des savants et même des gens d'esprit, il n'en est point pour former des génies et des inventeurs. Mais soit qu'on regarde le génie comme un don de la nature ou du hasard, n'est-il pas, dans l'une ou l'autre supposition, également l'effet d'une cause indépendante de nous? En ce cas, pourquoi mettre tant d'importance à la perfection plus ou moins grande de l'éducation?

La raison en est simple. Si le génie dépend de la finesse plus ou moins grande des sens, l'instruction ne pouvant changer le physique de l'homme, rendre l'ouïe aux sourds et la parole aux muets, l'éducation est absolument inutile : au contraire, si le génie est en partie un don du hasard, les hommes, après s'être assurés par des observations répétées des moyens employés par le hasard pour former de grands talents, peuvent, en se servant à-peu-près des mêmes moyens, opérer à-peu-près les mêmes effets et multiplier infiniment ces grands talents.

Supposons que pour produire un homme de génie le hasard doive se combiner en lui avec l'amour de la gloire; supposons encore qu'un homme naisse dans un gouvernement où loin d'honorer on avilisse les talents; dans cet empire il est évident que l'homme de génie sera entièrement l'œuvre du hasard.

En effet, ou cet homme aura vécu dans le monde et devra son amour pour la gloire à l'estime qu'aura conservée pour les talents la société particuliere où il s'est trouvé; ou il aura vécu dans la retraite, et devra alors ce même amour pour la gloire à l'étude de l'histoire, au souvenir des honneurs anciennement décernés à la vertu et au talent, enfin à l'ignorance du mépris que ses concitoyens ont pour l'une ou l'autre.

Supposons au contraire que cet homme naisse dans un siecle et sous une forme de gouvernement où le mérite soit honoré; alors il est évident que son amour pour la gloire, et son génie, ne sera point en lui l'œuvre du hasard, mais de la constitution même de l'état, par conséquent de son éducation, sur laquelle la forme des gouvernements a toujours la plus grande influence.

Considere-t-on l'esprit et le génie moins comme l'effet de l'organisation que du hasard (1)? il est certain, comme je l'ai déja dit, qu'en observant les moyens employés par le hasard pour former de grands hommes, on peut, d'après cette observation, modeler un plan d'éducation, qui, les multipliant dans une nation, y rétrécisse infiniment l'empire de ce même hasard et diminue la part immense qu'il a maintenant à notre instruction.

Cependant si c'est à des causes, à des accidents imprévus, qu'on doit toujours le premier soupçon, par conséquent la découverte de toute idée neuve, le hasard conservera donc toujours une certaine influence sur les esprits. J'en conviens ; mais cette influence a aussi des bornes.

CHAPITRE III.

Des limites à poser au pouvoir du hasard.

Si presque tous les objets considérés avec attention ne renfermoient point en eux la semence de quelque découverte ; si le hasard ne partageoit pas à-peu-près également ses dons, et n'offroit point à tous des objets de la comparaison desquels il pût résulter des idées grandes et neuves ; l'esprit seroit presque en entier le don du hasard.

Ce seroit à son éducation qu'on devroit sa science, au hasard qu'on devroit son esprit ; et chacun en auroit plus ou moins, selon que le hasard lui auroit été plus ou moins favorable. Or, que nous apprend à ce sujet l'expérience ? C'est que l'inégalité des esprits est moins en nous l'effet du partage trop inégal des dons du hasard que de l'indifférence avec laquelle on les reçoit.

L'inégalité des esprits doit donc être principalement regardée comme l'effet du degré différent d'attention portée à l'observation des ressemblances et des différences, des convenances et des disconvenances qu'ont entre eux les objets divers. Or, cette inégale attention est en nous le produit nécessaire de la force inégale de nos passions.

Il n'est point d'homme animé du desir ardent de la gloire qui ne se distingue toujours plus ou moins dans l'art ou la science qu'il cultive. Il est vrai qu'entre deux hommes également jaloux de s'illustrer, c'est le hasard qui, présentant à l'un d'eux des objets de la comparaison desquels il résulte des idées plus fécondes et des découvertes plus importantes, décide sa supériorité. Le hasard, par l'influence qu'il aura toujours sur le choix des objets qui s'offrent à nous, conservera donc toujours quelque influence sur les esprits. Contient-on sa puissance dans ces étroites limites? on a fait tout le possible. On ne doit pas s'attendre, à quelque degré de perfection qu'on porte la science de l'éducation, qu'elle forme jamais des gens de génie de tous les habitants d'un empire. Elle ne peut que les y multiplier, et faire du plus grand nombre des citoyens des hommes de sens et d'esprit; voilà jusqu'où s'étend son pouvoir. C'en est assez pour réveiller l'attention des citoyens, et les encourager à la culture d'une science dont la perfection procureroit en général tant de bonheur à l'humanité, et en particulier tant d'avantages aux nations qui s'en occuperoient. Un peuple où l'éducation publique donneroit du génie à un certain nombre de citoyens, et du sens à presque tous, seroit sans contredit le premier peuple de l'univers. Le seul et sûr moyen d'opérer cet effet est d'habituer de bonne heure les enfants à la fatigue de l'attention.

Les semences des découvertes présentées à tous par le hasard sont stériles si l'attention ne les féconde. La rareté de l'attention produit celle des génies. Mais que faire pour forcer les hommes à l'application ? Allumer en eux les passions de l'émulation, de la gloire et de la vérité. C'est la force inégale de ces passions qu'on doit regarder en eux comme la cause de la grande inégalité de leurs esprits.

CHAPITRE IV.

De la seconde cause de l'inégalité des esprits.

Presque tous les hommes sont sans passions, sans amour pour la gloire (2). Loin d'en exciter en eux le desir, la plupart des gouvernements, par une petite et fausse politique (3), cherchent au contraire à l'éteindre. Alors, indifférents à la gloire, les citoyens font peu de cas de l'estime publique et peu d'efforts pour la mériter.

Je ne vois dans la plupart des hommes que des commerçants avides. S'ils arment, ce n'est point dans l'espérance de donner leur nom à quelque contrée nouvelle. Uniquement sensibles à l'espoir du gain, ce qu'ils craignent, c'est que leur vaisseau ne s'écarte des routes fréquentées. Or, ces routes ne sont pas celles des découvertes. Que le navire soit par le hasard ou la tempête porté sur des îles inconnues ; le pilote, forcé d'y relâcher, n'en reconnoît ni les terres ni les habitants. Il y fait de l'eau, remet à la voile, et court de nouveau les côtes pour y échanger ses marchandises. Rentré enfin dans le port, il désarme, et remplit le magasin du propriétaire des richesses et des denrées du retour, et ne lui rapporte aucune découverte.

Il est peu de Colombs ; et, sur les mers de ce monde, uniquement jaloux d'honneurs, de places, de crédit et de richesses, peu d'hommes s'embarquent pour la découverte de vérités nouvelles. Pourquoi donc s'étonner si ces découvertertes sont rares ?

Les vérités sont par la main du

ciel semées çà et là dans une forêt obscure et sans route. Un chemin borde cette forêt ; il est fréquenté par une infinité de voyageurs. Parmi eux il est des curieux à qui l'épaisseur et l'obscurité même du bois inspire le desir d'y pénétrer. Ils entrent; mais embarrassés dans les ronces, déchirés par les épines et rebutés dès les premiers pas, ils abandonnent l'entreprise et regagnent le chemin. D'autres, mais en petit nombre, animés non par une curiosité vague, mais par un desir vif et constant de gloire, s'enfoncent dans la forêt, en traversent les fondrieres, et ne cessent de la parcourir jusqu'à ce que le hasard leur ait enfin découvert quelque vérité plus ou moins importante. Cette découverte faite, ils reviennent sur leurs pas, percent une route de cette vérité jusqu'au grand chemin ; et tout voyageur alors la regarde en passant, parceque tous ont des yeux pour l'appercevoir, et qu'il ne leur manquoit pour la découvrir que le desir vif de la chercher et la patience nécessaire pour la trouver.

Un homme jaloux d'un grand nom doit s'armer de la patience du chasseur. Il en est du philosophe comme du sauvage : le moindre mouvement du dernier écarte de lui le gibier, et la moindre distraction du premier éloigne de lui la vérité. Rien n'est plus pénible que de tenir long-temps son corps et son esprit dans le même état d'immobilité ou d'attention ; c'est le produit d'une grande passion. Dans le sauvage c'est le besoin de manger, dans le philosophe c'est celui de la gloire, qui opere cet effet.

Mais qu'est-ce que ce besoin de la

gloire ? Le besoin même du plaisir. Aussi, dans tout pays où la gloire cesse d'en être représentative, le citoyen est indifférent à la gloire ; le pays est stérile en génies et en découvertes. Il n'en est cependant point qui de temps en temps ne produise des hommes illustres, parcequ'il n'en est aucun où il ne naisse de loin en loin quelque citoyen qui, frappé, comme je l'ai dit, des éloges prodigués dans l'histoire aux talents, ne desire d'en mériter de pareils, et ne se mette en quête de quelque vérité nouvelle. S'obstine-t-il à sa recherche? parvient-il à sa découverte? enorgueilli de sa conquête, la porte-t-il en triomphe dans sa patrie ? quelle est sa surprise lorsque l'indifférence avec laquelle on la reçoit lui apprend enfin le peu de cas qu'on en fait!

Alors convaincu qu'en échange des

peines et des fatigues qu'exige la recherche de la vérité il n'aura chez lui que peu de célébrité et beaucoup de persécution, il perd courage, il se rebute, ne tente plus de nouvelles découvertes, se livre à la paresse, et s'arrête au milieu de sa carriere.

Notre attention est fugitive ; il faut des passions fortes pour la fixer. Je veux qu'en s'amusant l'on calcule une page de chiffres ; on n'en calcule point un volume qu'on n'y soit forcé par l'intérêt puissant de sa gloire ou de sa fortune. Ce sont les passions qui mettent en action l'égale aptitude que les hommes ont à l'esprit. Sans elles cette aptitude n'est en eux qu'une puissance morte.

Mais, dira-t on, si la force de notre constitution déterminoit celle de nos desirs ; si l'homme devoit son génie à ses passions, et ses passions à son tempérament; dans cette supposition le génie seroit encore en nous l'effet de l'organisation, et par conséquent un don de la nature.

C'est à la discussion de ce point que se réduit maintenant cette question.

NOTES.

(1) J'ai connu la sottise et la méchanceté des théologiens : je suis donc forcé de renouveler de temps en temps que je ne regarde point le hasard comme un être, que je n'en fais point un dieu, et que par ce mot je n'entends que « l'enchaînement « des effets dont nous n'appercevons pas « les causes ». C'est en ce sens qu'on dit du hasard, *Il conduit le dé.* Cependant tout le monde sait que la maniere de remuer le cornet et de jeter ce dé est la raison suffisante qui fait amener plutôt terne que sonnet.

(2) Permis aux insensés de déclamer sans cesse contre les passions. Sans elles il n'est ni grand artiste, ni grand général, ni grand ministre, ni grand poëte, ni grand philosophe. On n'est point philosophe lorsqu'indifférent au mensonge ou à la vérité on se livre à cette apathie et

à ce repos prétendu philosophique qui retient l'ame dans l'engourdissement, et retarde sa marche vers la vérité. Que cet état soit doux, qu'on s'y trouve à l'abri de l'envie et de la fureur des bigots, et qu'en conséquence *le paresseux se dise prudent*, soit; *mais qu'il ne se dise pas philosophe.* Quelle est la société la plus dangereuse pour la jeunesse? Celle de ces hommes prudents, discrets, et d'autant plus sûrs d'étouffer dans l'adolescent tout genre d'émulation, qu'ils lui montrent dans l'ignorance un abri contre la persécution, par conséquent le bonheur dans l'inaction.

Parmi les apôtres de l'oisiveté il est quelquefois des gens de beaucoup d'esprit. Ce sont ceux qui ne doivent leur paresse qu'aux dégoûts et aux chagrins éprouvés dans la recherche de la vérité. La plupart des autres sont des hommes médiocres; ce qu'ils desirent, c'est que tous le soient. C'est l'envie qui leur fait prêcher la paresse.

(3) Le projet de la plupart des despotes est de régner sur des esclaves, de changer chaque homme en automate. Ces despotes, séduits par l'intérêt du moment, oublient que l'imbécillité des sujets annonce la chûte des rois, qu'elle est déstructive de leur empire, et qu'enfin il est, à la longue, plus facile de régir un peuple éclairé qu'un peuple stupide.

SECTION IV.

Les hommes communément bien organisés sont tous susceptibles du même degré de passion ; leur force inégale est toujours en eux l'effet de la différence des positions où le hasard les place. Le caractere original de chaque homme, comme l'observe Pascal, n'est que le produit de ses premieres habitudes.

CHAPITRE I.

Du peu d'influence de l'organisation et du tempérament sur les passions et le caractere des hommes.

Au moment où l'enfant se détache des flancs de la mere et s'ouvre les portes de la vie, il y entre sans idées, sans passions. L'unique besoin qu'il éprouve est celui de la faim. Ce n'est donc point au berceau que se font sentir les passions de l'orgueil, de l'avarice, de l'envie, de l'ambition, du desir de l'estime et de la gloire. Ces passions factices (a), nées au sein des bourgs et des cités, supposent des conventions et des lois déja établies entre les

(a) En Europe, l'on peut compter encore la jalousie au nombre des passions factices. On y est jaloux parcequ'on est vain. La vanité entre dans la composition de presque tous les grands amours européens. Il n'en est pas de même en Asie. La jalousie y peut être un pur effet de

hommes, par conséquent leur réunion en société. Ces passions seroient donc inconnues et de celui qui, porté au moment de sa naissance par la tempête et les eaux sur une côte déserte, y auroit été, comme Romulus, alaité par une louve, et de celui qui, la nuit enlevé de son berceau par une fée ou un génie, seroit déposé dans quelqu'un de ces châteaux enchantés et solitaires où se promenoient jadis tant de princesses et de chevaliers. Or, si l'on naît sans passions, l'on naît aussi sans caractere. Celui que produit en nous l'amour

l'amour des plaisirs physiques. Sait-on par expérience que plus les desirs des sultanes sont contraints, plus ils sont vifs, plus elles donnent et reçoivent de plaisir? la jalousie, fille de la luxure des sultans et des visirs, y peut construire des serrails, et y renfermer les femmes.

de la gloire est une acquisition, par conséquent un effet de l'instruction. Mais la nature ne nous doueroit-elle point dès la plus tendre enfance de l'espece d'organisation propre à former en nous un tel caractere ? Sur quoi fonder cette conjecture ? A-t-on remarqué qu'une certaine disposition dans les nerfs, les fluides ou les muscles, donnât constamment la même maniere de penser ; que la nature retranchât certaines fibres du cerveau des uns, pour les ajouter à celui des autres ; qu'en conséquence elle inspirât toujours à ceux-ci un desir vif de la gloire ? Dans la supposition où les caracteres seroient l'effet de l'organisation, que pourroit l'éducation ? Le moral change-t-il le physique ? la maxime la plus vraie rend-elle l'ouïe aux sourds ? les plus sages leçons d'un précepteur applatissent-elles le dos d'un bossu ?

alongent-elles la jambe d'un boiteux ? élevent-elles la taille d'un pygmée ? Ce que la nature fait, elle seule peut le défaire. L'unique sentiment qu'elle ait dès l'enfance gravé dans nos cœurs est l'amour de nous-mêmes. Cet amour, fondé sur la sensibilité physique, est commun à tous les hommes. Aussi, quelque différente que soit leur éducation, ce sentiment est-il toujours le même en eux : aussi dans tous les temps et les pays s'est-on aimé, s'aime-t-on et s'aimera-t-on toujours de préférence aux autres. Si l'homme varie dans tous ses autres sentiments, c'est que tout autre est en lui l'effet des causes morales. Si ces causes sont variables, leurs effets doivent l'être. Pour constater cette vérité par des expériences en grand, je consulterai d'abord l'histoire des nations.

CHAPITRE II.

Des changements survenus dans le caractere des nations, et des causes qui les ont produits.

CHAQUE nation a sa maniere particuliere de voir et de sentir, qui forme son caractere; et, chez tous les peuples, ce caractere ou change tout-à-coup, ou s'altere peu-à-peu, selon les changements subits ou insensibles survenus dans la forme de leur gouvernement, par conséquent dans l'éducation publique (a).

Celui des Français, depuis long-temps regardé comme gai, ne fut pas

(a) La forme du gouvernement où l'on vit fait toujours partie de notre éducation.

toujours tel. L'empereur Julien dit des Parisiens, *Je les aime, parceque leur caractere, comme le mien, est austere* (1) *et sérieux.*

Le caractere des peuples change donc. Mais quand ce changement se fait-il le plus sensiblement appercevoir ? Dans les moments de révolution où les peuples passent tout-à-coup de l'état de liberté à celui de l'esclavage. Alors, de fier et d'audacieux qu'étoit un peuple, il devient foible et pusillanime ; il n'ose lever ses regards sur l'homme en place ; il est gouverné, et peu lui importe qui le gouverne. Ce peuple enfin découragé se dit, comme l'âne de la fable : *Quel que soit mon maître, je n'en porterai pas un plus lourd fardeau.* Autant un citoyen libre est passionné pour la gloire de sa nation, autant un esclave est indifférent au bien public. Son cœur privé d'activité et d'énergie est sans vertus, sans esprit, sans talents : les facultés de son ame sont engourdies : il néglige les arts, le commerce, l'agriculture, etc. Ce n'est point à des mains serviles qu'il appartient de travailler et de fertiliser la terre; un Simonide aborde un empire despotique, et n'y trouve point des traces d'hommes. Le peuple libre est courageux, franc, humain et loyal (2) : le peuple esclave est lâche, perfide, délateur, barbare; il pousse à l'excès sa cruauté. L'officier trop sévere au moment du combat a tout à redouter du soldat maltraité; le jour de la bataille est pour ce dernier le jour du ressentiment; celui de la sédition est pareillement pour l'esclave opprimé le jour longtemps attendu de la vengeance; elle est d'autant plus atroce, que la crainte en a plus long-temps concentré la fureur (a).

Quel tableau frappant d'un changement subit dans le caractere d'une nation nous présente l'histoire romaine ! Quel peuple, avant l'élévation des Césars, montra plus de force, de vertu, plus d'amour pour la liberté, plus d'horreur pour l'esclavage ? et quel peuple, le trône des Césars affermi, montra plus de foiblesse et de vileté (3) ? Sa bassesse fatiguoit Tibere.

Indifférent à la liberté, Trajan la lui offre ; il la refuse. Il dédaigne cette liberté que ses ancêtres eussent payée de tout leur sang. Tout change alors dans Rome, et l'on voit à ce ca-

(a) La déposition de Nabab-Jaffier-Ali-Kan, rapportée dans la *Gazette de Leyde* du 23 juin 1761, en est la preuve.

ractere opiniâtre et grave qui distinguoit ses premiers habitants succéder ce caractere léger et frivole que Juvénal leur reproche dans sa dixieme satyre.

Veut-on un exemple plus récent d'un pareil changement? Comparons les Anglais d'aujourd'hui aux Anglais du temps de Henri VIII, d'Édouard VI, de Marie et d'Élisabeth. Ce peuple maintenant si humain, si tolérant, si éclairé, si libre, si industrieux, si ami des arts et de la philosophie, n'étoit alors qu'un peuple esclave, inhumain, superstitieux, sans arts et sans industrie.

Un prince usurpe-t-il sur ses peuples une autorité sans bornes? il est sûr d'en changer le caractere, d'énerver leur ame, de la rendre craintive et basse (4). C'est de ce moment qu'indifférents à la gloire ses sujets perdent ce caractere d'audace et de constance propre à supporter tous les travaux, à braver tous les dangers ; le poids du pouvoir arbitraire brise en eux le ressort de l'émulation.

Qu'impatient de la contradiction (5) le prince donne le nom de factieux à l'homme vrai ; il a substitué dans sa nation le caractere de la fausseté à celui de la franchise. Que dans des moments critiques ce prince, livré à ses flatteurs, ne trouve ensuite auprès de lui que des gens sans mérite ; à qui s'en prendre ? A lui seul ; c'est lui-même qui les a rendus tels.

Qui croiroit, en considérant les maux de la servitude, qu'il fût encore des princes assez peu éclairés pour vouloir régner sur des esclaves ; des princes assez stupides pour ignorer les changements funestes que le despotisme opere dans le caractere de leurs sujets?

Qu'est-ce que le pouvoir arbitraire ? Un germe de calamités qui, déposé dans le sein d'un état, ne s'y développe que pour y porter le fruit de la misere et de la dévastation. Croyons-en le roi de Prusse : « Rien de meilleur », dit-il dans un discours prononcé à l'académie de Berlin, « que le gou- « vernement arbitraire, mais sous des « princes justes, humains et ver- « tueux: rien de pire sous le commun « des rois ». Que de rois de cette espece! Combien compte-t-on de Titus, de Trajans et d'Antonins ? Voilà ce que pense un grand homme. Quelle élévation d'ame, quelles lumieres un tel aveu ne suppose-t-il pas dans un monarque! Qu'annonce en effet le pouvoir despotique? Souvent la ruine du despote, et toujours celle de sa postérité (6). Le fondateur d'une telle puissance met son royaume à fonds perdu : ce n'est que l'intérêt viager et mal entendu de la royauté, c'est-à-dire celui de l'orgueil, de la paresse, ou d'une passion semblable, qui fait préférer l'exercice d'un despotisme injuste et cruel sur des esclaves malheureux à l'exercice d'une puissance légitime et bien aimée (7) sur un peuple libre et fortuné. Le pouvoir arbitraire est un enfant sans prévoyance qui sacrifie sans cesse l'avenir au présent.

Le plus redoutable ennemi du bien public n'est point le trouble, ni la sédition, mais le despotisme (8). Il change le caractere d'une nation, et toujours en mal ; il n'y porte que des vices. Quelle que soit la puissance d'un sultan des Indes, il n'y créera jamais de citoyens magnanimes. Il ne trouvera jamais dans ses esclaves les vertus des hommes libres. La chymie ne tire d'un corps mixte qu'autant d'or qu'il en renferme; et le pouvoir le plus arbitraire ne tire jamais d'un esclave que la bassesse qu'il contient.

L'expérience prouve donc que le caractere et l'esprit des peuples changent avec la forme de leur gouvernement; qu'un gouvernement différent donne tour-à-tour à la même nation un caractere élevé ou bas, constant ou léger, courageux ou timide.

Pourquoi, disent les étrangers, n'apperçoit-on d'abord dans tous les Français qu'un même esprit et un même caractere, comme une même physionomie dans tous les Negres? C'est que les Français ne jugent et ne pensent point d'après eux (9), mais d'après les gens en place; leur maniere de voir par cette raison doit être assez uniforme. Il en est des Français comme de leurs femmes : ont-elles mis leur rouge ? sont-elles au spectacle ? toutes semblent porter le même visage. Je sais qu'avec de l'attention l'on découvre toujours quelque différence entre les caracteres et les esprits des individus ; mais il faut du temps pour l'appercevoir.

La frivolité des Français, l'inquisition de leur police, le crédit de leur clergé, les rendent en général plus semblables entre eux qu'on ne l'est partout ailleurs. Or, si telle est l'influence de la forme du gouvernement sur les mœurs et le caractere des peuples, quel changement dans les idées et le caractere des particuliers ne doivent point produire les changements arrivés dans leur fortune et leur position !

CHAPITRE III.

Des changements survenus dans le caractere des particuliers.

CE qui s'opere en grand et d'une maniere frappante dans les nations s'opere en petit et d'une maniere moins sensible dans les individus. Presque tout changement dans leur position en occasionne dans leurs caracteres. Un homme est sévere, chagrin, impérieux; il gronde, il maltraite ses esclaves, ses enfants et ses domestiques; le hasard l'égare dans une forêt, il se retire la nuit dans un antre; des lions y reposent. Cet homme y conserve-t-il son caractere dur et chagrin? au contraire, il se tapit dans un coin de l'antre, et se garde bien d'exciter par aucun geste la fureur de ces animaux.

De l'antre du lion physique qu'on le transporte dans la caverne du lion moral ; qu'on l'attache au service d'un prince cruel et despote : doux et modéré en présence du maître, peut-être cet homme deviendra-t-il le plus vil et le plus rampant de ses esclaves. Mais, dira-t-on, son caractere contraint ne sera pas changé ; c'est un arbre courbé avec effort que son élasticité naturelle rendra bientôt à sa premiere forme. Eh quoi ! imagine-t-on que cet arbre, quelques années assujetti par des cables à une certaine courbure, pût jamais se redresser ? Quiconque assure qu'on contraint et qu'on ne change point les caracteres, ne dit rien autre chose sinon qu'on ne détruit point en un instant des habitudes anciennement contractées.

L'homme d'humeur la conserve, parcequ'il a toujours quelque inférieur sur lequel il peut l'exercer. Mais qu'on le tienne long-temps en présence du lion ou du despote, nul doute qu'une contrainte longue, répétée, et transformée en habitude, n'adoucisse son caractere. En général, tant qu'on est assez jeune pour contracter des habitudes nouvelles, les seuls défauts et les seuls vices incurables sont ceux qu'on ne peut corriger sans employer des moyens dont les mœurs, les lois ou la coutume ne permettent point l'usage. Il n'est rien d'impossible à l'éducation : elle fait danser l'ours.

Notre premiere nature, comme le prouvent Pascal et l'expérience, n'est autre chose que notre premiere habitude.

L'homme naît sans idées, sans passions; il est imitateur, docile à l'exemple : c'est par conséquent à l'instruction qu'il doit ses habitudes et son caractere. Or, je demande pourquoi des habitudes contractées pendant un certain temps ne seroient pas à la longue détruites par des habitudes contraires. Que de gens changent de caractere selon le rang, selon la place différente qu'ils occupent à la cour et dans le ministere, enfin selon le changement arrivé dans leurs positions! Pourquoi le bandit transporté d'Angleterre en Amérique y devient-il souvent honnête? C'est qu'il devient propriétaire, qu'il a des terres à cultiver, et qu'enfin sa position a changé.

Le militaire est dans les camps dur et impitoyable; l'officier, accoutumé à voir couler le sang, devient insensible à ce spectacle. Est-il de retour à Londres, à Paris, à Berlin, il redevient humain et compatissant. Pourquoi regarde-t-on chaque caractere comme l'effet d'une organisation particuliere, lorsqu'on ne peut déterminer la nature de cette organisation? Pourquoi chercher dans des qualités occultes la cause d'un phénomene moral que le développement du sentiment de l'amour de soi peut beaucoup mieux expliquer?

CHAPITRE IV.

De l'amour de soi.

L'homme est sensible au plaisir et à la douleur physique; il fuit l'une et cherche l'autre ; et c'est à cette fuite et à cette recherche constantes qu'on donne le nom d'amour de soi.

Ce sentiment, effet immédiat de

la sensibilité physique et commun à tous, est inséparable de l'homme. J'en donne pour preuve sa permanence, l'impossibilité de le changer ou même de l'altérer. De tous les sentiments c'est le seul de cette espece : nous lui devons tous nos desirs, toutes nos passions : elles ne sont que l'application du sentiment de l'amour de soi à tel ou tel objet. C'est donc à ce sentiment diversement modifié selon l'éducation qu'on reçoit, selon le gouvernement sous lequel on vit et les positions différentes où l'on se trouve, qu'on doit attribuer l'étonnante diversité des passions et des caracteres.

L'amour de nous-mêmes nous fait en entier ce que nous sommes. Par quelle raison est-on si avide d'honneurs et de dignités? C'est qu'on s'aime, c'est qu'on desire son bonheur, et par conséquent le pouvoir de se le procurer. L'amour de la puissance et des moyens de l'acquérir est donc nécessairement lié dans l'homme à l'amour de lui-même (10). Chacun veut commander, parceque chacun voudroit accroître sa félicité, et pour cet effet que tous ses concitoyens s'en occupassent. De tous les moyens de les y contraindre, le plus sûr est celui de la force et de la violence. L'amour du pouvoir, fondé sur celui du bonheur, est donc l'objet commun de tous nos desirs (11). Aussi les richesses, les honneurs, la gloire, l'envie, la considération, la justice, la vertu, l'intolérance, enfin toutes les passions factices (a), ne sont-elles en

(a) Tout en nous est passion factice, à l'exception des besoins, des douleurs et des plaisirs physiques.

nous que l'amour du pouvoir, déguisé sous ces noms différents.

CHAPITRE V.

De l'amour des richesses et de la gloire.

A la tête des vertus cardinales on place la force et le pouvoir : c'est la vertu la plus et peut-être la seule vraiment estimée. Le mépris est le partage de la foiblesse.

D'où naît notre dédain pour ces nations orientales dont quelques unes nous égalent en industrie, comme le prouve la fabrique de leurs étoffes, et dont plusieurs nous surpassent peut-être en vertus sociales ? Méprisons-nous simplement en elles la bassesse avec laquelle elles supportent le joug d'un despotisme honteux et cruel? Ce mépris seroit juste : mais non ; nous les méprisons comme lâches et non exercées aux armes. C'est donc la force (12) qu'on respecte, et la foiblesse qu'on méprise. L'amour de la force et du pouvoir est commun à tous (a). Tous le desirent; mais tous, comme César ou Cromwel, n'aspirent point à un pouvoir suprême ; peu d'hommes en conçoivent le projet, encore moins sont à portée de l'exécuter.

L'espece de pouvoir qu'en général on souhaite est celui qu'on peut facilement acquérir. Chacun peut devenir riche, et chacun desire les richesses.

(a) L'homme sans desir, l'homme qui se croit parfaitement heureux, seroit sans doute insensible à l'amour du pouvoir. S'il est des hommes de cette espece, ils sont en trop petit nombre pour y avoir égard.

Par elles on satisfait à tous ses goûts, on secourt les malheureux, on oblige une infinité d'hommes; par conséquent on leur commande.

La gloire, comme les richesses, procure le pouvoir; et l'on en est pareillement avide. La gloire s'acquiert ou par les armes ou par l'éloquence. On sait quelle estime on avoit à Rome et dans la Grece pour l'éloquence; elle y conduisoit aux grandeurs et à la puissance, *Magna vis et magnum nomen*, dit à ce sujet Cicéron, *sunt unum et idem*. Chez ces peuples un grand nom donnoit un grand pouvoir. L'orateur célebre commandoit à une multitude de clients. Et, dans tout état républicain, quiconque est suivi d'une foule de clients est toujours un citoyen puissant. L'Hercule gaulois, de la bouche duquel sortoit une infinité de fils d'or, étoit l'emblême de la force morale de l'éloquence. Mais pourquoi cette éloquence, jadis si respectée, n'est-elle plus maintenant honorée? C'est qu'elle n'ouvre plus la route des honneurs.

L'amour de la gloire, de l'estime, de la considération, n'est donc proprement en nous que l'amour déguisé de la puissance.

La gloire, dit-on, est la maîtresse de presque tous les grands hommes; ils la poursuivent à travers les dangers; ils bravent pour l'obtenir les travaux de la guerre, les ennuis de l'étude, et la haine de mille rivaux (13). Mais dans quels pays? Dans ceux où la gloire fait puissance. Par-tout où la gloire ne sera qu'un vain titre, où le mérite sera sans crédit réel, le citoyen, indifférent à l'estime publique, fera peu d'efforts pour l'obtenir. Pourquoi la gloire est-elle regardée comme une plante du sol républicain, qui, dégénérée dans les pays despotiques, n'y pousse jamais avec une certaine vigueur ? C'est que dans la gloire on n'aime proprement que le pouvoir, et que dans un gouvernement arbitraire tout pouvoir disparoît devant celui du despote. L'homme qui passe la nuit sous les armes, ou dans ses bureaux, s'imagine aimer l'estime : il se trompe. L'estime n'est que le nom qu'il donne à l'objet de son amour, et le pouvoir est la chose même.

Sur quoi j'observerai que ce même éclat, que cette même puissance, dont quelquefois la gloire est environnée, et qui nous la rend si chere, doit souvent nous la rendre odieuse dans nos concitoyens : et de là l'envie.

CHAPITRE VI.

De l'envie.

LE mérite, dit Pope, produit l'envie, comme le corps produit l'ombre. L'envie annonce le mérite comme la fumée l'incendie et la flamme. L'envie acharnée contre le mérite ne le respecte ni dans les grandes places, ni sur le trône ; elle poursuit également un Voltaire, un Catinat, un Frédéric. Si l'on se rappeloit souvent jusqu'où se porte sa fureur, peut-être qu'effrayé des malheurs semés sur les pas des grands talents on seroit sans courage pour les acquérir.

L'homme de génie qui se dit à la lueur de sa lampe, ce soir je finis mon ouvrage, demain est le jour de la récompense, demain le public reconnoissant s'acquitte envers moi, demain enfin je reçois la couronne de l'immortalité ; cet homme oublie qu'il est des envieux. En effet, demain arrive ; l'ouvrage est publié, il est excellent, et le public n'acquitte point sa dette. L'envie détourne loin de l'auteur le parfum suave des éloges (a) ; elle y substitue l'odeur empestée de la

(a) De toutes les passions l'envie est la plus détestable. Le portrait qu'en fait je ne sais quel poëte est effrayant.

« La compassion, dit-il, s'attendrit sur
« l'infortune des hommes ; l'envie s'en
« réjouit, et trouve sa joie dans leurs
« peines. Il n'est point de passion qui ne
« se propose quelque plaisir pour objet ;
« le malheur d'autrui est le seul que se
« propose l'envie.

« Le mérite s'indigne de la prospérité
» du méchant et du stupide, et l'envie
« de celle du bon et du spirituel. L'amour
« et la colere allumés dans une ame y

critique et de la calomnie. Le jour de la gloire ne luit presque jamais que sur la tombe des grands hommes. Qui mérite l'estime rarement en jouit, et qui seme le laurier se repose rarement sous son ombrage (a).

Mais l'envie habite-t-elle tous les cœurs? Il n'en est point du moins où elle ne pénetre. Que de grands hommes

« brûlent une heure, un jour, une an-
« née ; l'envie la ronge jusqu'au tom-
« beau.

« Sous la banniere de l'envie marchent
« la haine, la calomnie, la trahison, et
« la cabale. Par-tout l'envie traîne à
« sa suite la maigreur de la famine, les
« venins de la peste, et la rage de la
« guerre. »

(a) Si les grands écrivains deviennent après leur mort les précepteurs du genre humain, il faut convenir que de leur vivant les précepteurs sont bien châtiés par leurs éleves.

ne peuvent souffrir de concurrents, ne veulent entrer en partage d'estime avec aucun de leurs concitoyens, et oublient qu'au banquet de la gloire il faut, si je l'ose dire, que chacun ait sa portion!

Les ames même les plus nobles prêtent quelquefois l'oreille à l'envie: elles résistent à ses conseils, mais non sans efforts. La nature a fait l'homme envieux. Vouloir le changer c'est vouloir qu'il cesse de s'aimer; c'est vouloir l'impossible. Que le législateur ne se propose donc point d'imposer silence à la jalousie, mais d'en rendre la rage impuissante, et d'établir, comme en Angleterre, des lois propres à protéger le mérite contre l'humeur du ministre et le fanatisme du prêtre. C'est tout ce que la sagesse peut en faveur des talents. Tous les siècles ont déclamé contre ce vice.

Qu'ont produit ces déclamations ? L'envie existe encore, et n'a rien perdu de son activité, parceque rien ne change la nature de l'homme.

Cependant il est un moment où l'envie lui est inconnue : ce moment c'est la première jeunesse. Peut-on encore se flatter de surpasser ou du moins d'égaler en mérite des hommes déja honorés de l'estime publique ? espere-t-on entrer en partage de la considération qui leur est décernée ? alors, pleins de respects pour eux, leur présence excite notre émulation ; on les loue avec transport, parcequ'on a intérêt de les louer, et d'accoutumer le public à respecter en eux nos talents futurs. La louange est un tribut que la jeunesse paie volontiers au mérite, et que l'âge mûr lui refusera toujours.

A trente ans l'émulation de vingt

s'est déja transformée en envie. Perd-on l'espoir d'égaler ceux qu'on admire, l'admiration fait place à la haine. La ressource de l'orgueil c'est le mépris des talents. Le vœu de l'homme médiocre c'est de n'avoir point de supérieur. Que d'envieux répetent tout bas, d'après je ne sais quel comique : *Je t'aime d'autant plus que je t'estime moins !*

Ne peut-on étouffer la réputation d'un homme célebre, on exige du moins de lui la plus grande modestie. L'envieux a reproché à M. Diderot jusqu'à ces mots du commencement de son Interprétation de la nature, *Jeune homme, prends et lis.* L'on étoit jadis moins difficile. Le jurisconsulte Dumoulin dit de lui : *Moi qui n'ai point d'égal, et qui suis supérieur à tout le monde.* Tant d'actes d'humilité exigés maintenant de la part des auteurs supposent un singulier accroissement dans l'orgueil des lecteurs. Cet orgueil annonce la haine du mérite, et cette haine est naturelle. En effet, si, jaloux de leur bonheur, les hommes desirent le pouvoir, et par conséquent la gloire et la considération qui le procurent, ils doivent détester dans un homme trop illustre celui qui les en prive. Pourquoi dit-on hautement tant de mal des gens d'esprit ? C'est qu'on se sent intérieurement forcé d'en penser du bien. Lorsqu'on tire le gâteau des rois, l'on en conserve une part pour Dieu : et lorsqu'on détaille le mérite d'un homme supérieur, on lui trouve toujours quelque défaut ; c'est la part de l'envie.

Ne s'éleve-t-on point au-dessus de ses concitoyens, on veut les abaisser jusqu'à soi. Qui ne peut leur être supérieur veut du moins vivre avec des égaux (14). Tel est et sera toujours l'homme. Parmi les ames vertueuses et le plus au-dessus de la jalousie peut-être n'en est-il aucune qui ne soit souillée de quelque tache légere. Qui peut en effet se vanter d'avoir toujours loué courageusement le génie ; de n'avoir à cet égard jamais dissimulé son estime ; de n'avoir pas, en présence du maître, gardé un silence coupable, et, dans les éloges donnés aux talents, de n'avoir point ajouté un de ces *mais* perfides qui si souvent échappent à la jalousie (a) ?

Tout grand talent est en général un objet de haine ; et de là l'empressement avec lequel on achete les feuilles où on le déchire cruellement. Quel autre motif les feroit lire ? Seroit-ce le

(a) Que d'hommes donnent aux anciens la préférence sur les modernes pour n'être pas forcés de reconnoître dans leur société un Locke, un Séneque, un Virgile, etc. !

desir de perfectionner son goût (15) ? Mais les auteurs de ces feuilles ne sont ni des Longins ni des Despréaux; ils n'ont pas même la prétention d'éclairer le public. Qui peut composer de bons ouvrages ne s'amuse point à critiquer ceux des autres. L'impuissance de bien faire produit le critique. Sa profession est humble. Si les Desfontaines plaisent, c'est en qualité de consolateurs des sots (a). C'est l'amertume de leur satyre qui proclame le génie. Blâmer avec acharnement est la maniere de louer de l'envie. C'est le premier éloge que reçoit l'auteur d'un bon ouvrage, et le seul qu'il

(a) Racine et Pradon font chacun une *Phedre*. Les Desfontaines du siecle s'éleverent contre Racine, et leur critique eut du succès. Elle déchargea quelque temps les sots du poids insupportable de l'estime.

puisse arracher de ses rivaux. C'est à regret qu'on admire ; c'est uniquement soi qu'on veut trouver estimable ; il n'est presque point d'hommes qui ne parviennent à se le persuader. A-t-on le sens commun ? on le préfere au génie : a-t-on quelques petites vertus ? on les met au-dessus des plus grands talents ; on déprise tout ce qui n'est pas soi. En fait d'envie il n'est qu'un homme qui puisse s'en croire exempt ; c'est celui qui ne s'est jamais examiné.

Le génie a pour protecteur (16) et panégyriste la jeunesse et quelques hommes éclairés et vertueux. Mais leur impuissante protection (17) ne lui donne ni crédit ni considération : cependant la nourriture commune du talent et de la vertu ce sont la considération et les éloges. Privé de cette nourriture, l'un et l'autre languit et meurt; l'activité et l'énergie de l'ame s'éteint. C'est la flamme qui n'a plus rien à dévorer.

Dans presque tous les gouvernements, les talents, comme les prisonniers des Romains condamnés et livrés aux bêtes, en sont la proie. Le génie est-il en mépris à la cour? l'envie fait le reste (18): elle en détruit jusqu'à la semence. Le mérite a-t-il toujours à lutter contre l'envie? il se fatigue et quitte l'arene s'il n'y voit point de prix pour le vainqueur. On n'aime ni l'étude ni la gloire pour elles-mêmes, mais pour les plaisirs, l'estime et le pouvoir qu'elles procurent. Pourquoi? C'est qu'en général on desire moins d'être estimable que d'être estimé; c'est que, jaloux de la gloire du moment (19), la plupart des écrivains, uniquement attentifs à flatter le goût de leur siecle et de leur nation (20), ne lui présentent que les idées du jour, des idées agréables à l'homme en place, par la protection duquel ils esperent obtenir argent, considération, et même un succès éphémere.

Mais il est des hommes qui le dédaignent : ce sont ceux qui, transportés en esprit dans l'avenir, et jouissant d'avance des éloges et de la considération de la postérité, craignent de survivre à leur réputation (21). Ce seul motif leur fait sacrifier la gloire et la considération du moment à l'espoir quelquefois éloigné d'une gloire et d'une considération plus grande. Ces hommes sont rares ; ils ne desirent que l'estime des citoyens estimables.

Qu'importe à Marmontel les censures (22) de la Sorbonne ? il eût rougi de ses éloges. La couronne tressée par la sottise ne s'ajuste point sur la tête du génie. C'est le nouvel ornement d'architecture dont on avoit en Languedoc couronné la maison quarrée. Un voyageur passe devant l'édifice et s'écrie : « Je vois le chapeau « d'Arlequin sur la tête de César. »

Qu'on n'imagine cependant pas que le citoyen le plus jaloux d'une estime durable aime et la gloire et la vérité pour elles-mêmes. Si telle est la nature de chaque individu qu'il soit nécessité de s'aimer de préférence à tous, l'amour du vrai est toujours en lui subordonné à l'amour de son bonheur : il ne peut aimer dans le vrai que le moyen d'accroître sa félicité. Aussi ne recherche-t-il ni la gloire ni la vérité dans les pays et les gouvernemens où l'un et l'autre sont méprisés.

La fureur de l'envie, le desir des richesses et des talents, l'amour de la considération, de la gloire et de la vérité, ne sont donc jamais dans l'homme que l'amour de la force et du pouvoir (23) déguisé sous ces noms différents.

CHAPITRE VII.
De la justice.

La justice est la conservatrice de la vie, de la liberté des citoyens. Chacun veut jouir de ses diverses propriétés. Chacun aime donc la justice dans les autres, et veut qu'ils soient justes à son égard. Mais qui lui feroit desirer de l'être à l'égard des autres ? Aime-t-on la justice pour la justice même, ou pour la considération qu'elle procure ?

L'homme s'ignore si souvent lui-même, on apperçoit tant de contradiction entre sa conduite et ses discours (a), que, pour le connoître, c'est

(a) En morale, comme en religion, il

dans ses actions et dans sa nature même qu'il le faut étudier.

est peu de vertueux, et beaucoup d'hypocrites. Mille gens se parent de sentiments qu'ils n'ont ni ne peuvent avoir. Compare-t-on leur conduite avec leurs discours? on ne voit en eux que des frippons qui veulent faire des dupes. On doit en général se méfier de la probité de quiconque affiche des mœurs trop austeres, et se donne pour Romain. Il en est qui se montrent réellement vertueux au moment que la toile se leve et qu'ils vont jouer un grand rôle sur la scene de ce monde; mais, dans le déshabillé, combien en est-il qui conservent la même honnêteté, et soient toujours justes?

Ce qui m'assure de l'amour des premiers Romains pour la vertu, c'est la connoissance de leurs lois et de leurs mœurs. Sans cette connoissance, la vertu des Romains modernes me feroit suspecter celle des premiers; et je dirois, comme

CHAPITRE VIII.

De la justice considérée dans l'homme de la nature.

Pour juger l'homme, considérons-le dans son état primitif, dans celui d'un sauvage encore farouche. Est-ce l'équité que ce sauvage aime et respecte ? Non, mais la force ; il n'a ni dans son

le cardinal de Bessarion au sujet des miracles, *que les nouveaux font douter des anciens.*

L'homme juste, mais éclairé, ne prétend point aimer la justice pour la justice même. Est-on sans reproche ? on avoue sans honte que dans toutes ses actions on n'eut jamais que son bonheur en vue ; mais qu'on l'a toujours confondu avec celui de ses concitoyens. Peu le placent aussi heureusement.

cœur d'idée de la justice ni dans sa langue de mots pour l'exprimer. Quelle idée pourroit-il s'en former? et qu'est-ce en effet qu'une injustice? La violation d'une convention ou d'une loi faite pour l'avantage du plus grand nombre. L'injustice ne précede donc pas l'établissement d'une convention, d'une loi et d'un intérêt commun. Avant la loi il n'est donc pas d'injustice : *Si non esset lex, non esset peccatum.* Que suppose l'établissement des lois? 1°. La réunion des hommes en une plus ou moins grande société; 2°. la création d'une langue p[...] à se communiquer un certain n[...] d'idées (a).

(a) Selon M. Locke, « une loi est une « regle prescrite aux citoyens, avec la « sanction de quelque peine ou récom- « pense propre à déterminer leurs volon- « tés. Toute loi, selon lui, suppose peine

Or, s'il est des sauvages dont la langue ne s'étend point encore au-delà

« et récompense attachée à son observa-
« tion ou à son infraction. »

Cette définition donnée, l'homme qui viole chez un peuple policé une convention non encore revêtue de cette sanction n'est point punissable; cependant il est injuste. Mais pouvoit-il l'être avant l'établissement de toutes conventions et la formation d'une langue propre à l'exprimer? Non ; parceque, dans cet état, l'homme n'a d'idées ni de la propriété, ni par conséquent de la justice.

Que nous apprend l'expérience, à laquelle, en morale comme en physique, il faut soumettre les théories les plus ingénieuses, et qui seule en constate la vérité ou la fausseté? C'est que l'homme a des idées de la force avant d'en avoir de la justice ; c'est qu'en général il est sans amour pour elle ; c'est que, même dans les pays policés où l'on parle toujours

de cinq ou six sons ou cris, la formation d'une langue est donc l'œuvre de plusieurs siecles. Jusqu'à cette œuvre accomplie, les hommes, sans conventions et sans lois, vivent donc en état de guerre.

Cet état, dira-t-on, est un état de malheurs; et le malheur, créateur des lois, doit forcer les hommes à les accepter. Oui: mais jusqu'à cette acceptation, si les hommes sont malheureux, ils ne sont pas du moins injustes. Comment usurper le champ, le verger du propriétaire, et commettre enfin un vol, lorsqu'il n'est encore ni propriétaire, ni partage de champ ou de verger? Avant que l'intérêt public eût déclaré la loi du premier occupant

d'équité, personne ne la consulte qu'il n'y soit forcé par la crainte d'un pouvoir égal ou supérieur au sien.

une loi sacrée, quel eût été le plaidoyer d'un sauvage habitant un canton giboyeux, dont un sauvage plus fort eût voulu le chasser? « Quel est
« ton droit, diroit le premier, pour
« me bannir de ce canton? A quel
« titre, diroit le second, prétends-tu
« le posséder? Le hasard, répondroit
« le foible, y a porté mes pas : il
« m'apppartient parceque je l'habite,
« et que la terre est au premier occu-
« pant. Quel est ce droit de premier
« occupant (24)? répondroit le puis-
« sant. Si le hasard t'a le premier
« conduit en ce lieu, le même hasard
« m'a donné la force nécessaire pour
« t'en chasser. Auquel des deux droits
« donner la préférence? Veux-tu con-
« noître toute la supériorité du mien?
« leve les yeux au ciel, tu vois l'aigle
« fondre sur la colombe ; abaisse-les
« sur la terre, tu vois le cerf déchiré

« par le lion ; porte tes regards sur
« la profondeur des mers, tu vois la
« dorade dévorée par le requin. Tout
« dans la nature t'annonce que le foi-
« ble est la proie du puissant : la force
« est un don des dieux, par elle je
« possede tout ce que je puis ravir :
« en m'armant de ces bras nerveux
« le ciel t'a donc déclaré sa volonté.
« Fuis de ces lieux, cede à la force,
« ou combats (25) ». Que répondre au discours de ce sauvage, et quelle injustice lui reprocher, lorsque le droit du premier occupant n'est pas encore un droit convenu?

Justice suppose lois établies; observation de la justice suppose équilibre de puissance entre les citoyens. Le maintien de cet équilibre est le chef-d'œuvre de la science de la législation : c'est une crainte mutuelle et salutaire qui force les hommes d'être justes les uns envers les autres. Que cette crainte cesse d'être réciproque, alors la justice devient une vertu méritoire, et la législation d'un peuple est vicieuse. Sa perfection suppose que l'homme est nécessité à la justice.

La justice est inconnue du sauvage isolé. Si l'homme policé en a quelque idée, c'est qu'il reconnoît des lois. Mais aime-t-il la justice pour elle-même? c'est à l'expérience à nous en instruire.

CHAPITRE IX.

De la justice considérée dans l'homme et les peuples policés.

Quel amour l'homme a-t-il pour la justice? Pour le savoir, qu'on élève un citoyen au-dessus de tout espoir et de toute crainte, qu'on le place sur un trône d'orient.

Assis sur ce trône, il peut lever d'immenses taxes sur ses peuples. Que va-t-il faire? Toute taxe a les besoins de l'état pour objet et pour mesure. Tout impôt perçu au-delà de ses besoins est un vol, une injustice; point de vérité plus avouée. Cependant, malgré le prétendu amour de l'homme pour l'équité, point de despote asiatique qui ne commette cette injustice et ne la commette sans remords. Que conclure? Que l'amour de l'homme pour la justice est fondé ou sur la crainte des maux compagnons de l'iniquité, ou sur l'espoir des biens compagnons de l'estime, de la considération, et enfin du pouvoir attaché à la pratique de la justice.

La nécessité où l'on est, pour former des hommes vertueux, de punir, de récompenser, d'instituer des lois sages, d'établir une excellente forme de gouvernement, sont autant de preuves évidentes de cette vérité.

Qu'on applique aux peuples ce que je dis de l'homme. Deux peuples sont voisins; ils sont à certains égards dans une dépendance réciproque; ils sont en conséquence forcés de faire entre eux des conventions, et de créer un droit des gens. Le respectent-ils ? Oui, tant qu'ils se craignent réciproquement, tant qu'une certaine balance de pouvoir subsiste entre eux. Cette balance est-elle rompue ? la nation la plus puissante viole sans pudeur ces conventions (26). Elle devient injuste, parcequ'elle peut l'être impunément. Le respect tant vanté des hommes pour la justice n'est jamais en eux qu'un respect pour la force.

Cependant point de peuple qui,

dans la guerre, ne réclame la justice en sa faveur. Mais dans quel moment, dans quelle position ? Lorsque ce peuple est entouré de nations puissantes qui peuvent prendre part à ses querelles. Quel est alors l'objet de sa réclamation ? de montrer dans son ennemi un voisin injuste, ambitieux, redoutable ; d'exciter contre lui la jalousie des autres peuples, de s'en faire des alliés, et de se fortifier de leurs forces. L'objet d'une nation dans tant d'appels à la justice, c'est d'accroître sa puissance, et d'assurer sa supériorité sur une nation rivale. L'amour prétendu des peuples pour la justice n'est donc en eux qu'un amour réel du pouvoir.

Supposons qu'uniquement occupés de leurs affaires domestiques, les voisins de deux nations rivales ne puissent prendre part à leurs querelles et leur prêter secours ; qu'arrivera-t-il ? C'est que, sans appel à la justice et sans égard à l'équité, la nation la plus puissante portera le fer et le feu chez la nation ennemie. Son droit sera la force. Malheur, dira-t-elle, au foible et au vaincu.

Lorsqu'à la tête des Gaulois, Brennus attaqua les Clusiens : « Quelles
« offenses, lui dirent les ambassa-
« deurs romains, les Clusiens vous
« ont-ils faites »? Brennus à cette demande se prit à rire : « Leur offense,
« répondit-il, c'est le refus qu'ils
« font de partager leurs terres avec
« moi ; c'est la même que vous ont
« faite jadis et ceux d'Albe, et les
« Fidénates, et les Ardénates ; que
« vous faisoient naguere les Véiens,
« les Carpénates, une partie des Fa-
« lisques et des Volsques. Pour vous
« en venger vous avez pris les armes,

« vous avez lavé cette injure dans leur
« sang, vous avez asservi leurs per-
« sonnes, pillé leurs biens, ruiné
« leurs villes et leurs campagnes; et
« en ceci vous ne leur avez fait ni tort
« ni injustice, vous avez obéi à la plus
« ancienne des lois, qui donne au fort
« le bien du foible, loi souveraine
« dans la nature, qui commence aux
« dieux et finit aux animaux. Étouf-
« fez donc, ô Romains, votre pitié
« pour les Clusiens : la compassion
« est encore inconnue aux Gaulois;
« ne leur en inspirez pas le sentiment,
« ou craignez qu'ils n'aient aussi pitié
« de ceux que vous opprimez ». Peu
de chefs de nations ont l'audace et la
franchise de Brennus; leurs discours
seront différents, leurs actions sont
les mêmes; et dans le fait tous ont le
même mépris pour la justice (27).

L'histoire du monde n'est que le

vaste recueil des preuves multipliées de cette vérité (28). Les invasions des Huns, des Goths, des Vandales, des Sueves, des Romains, les conquêtes et des Espagnols et des Portugais dans l'une et l'autre Inde, enfin nos croisades ; tout prouve que, dans leurs entreprises, c'est leur force et non la justice que les nations consultent. Tel est le tableau que nous présente l'histoire. Or, le même principe qui meut les nations doit et nécessairement et pareillement mouvoir les individus qui les composent.

CHAPITRE X.

Le particulier, comme les nations, n'estime dans la justice que la considération et le pouvoir qu'elle lui procure.

Un homme est-il, par rapport à ses concitoyens, à-peu-près dans l'état d'indépendance d'un peuple à l'égard d'un autre ? cet homme n'aime dans la justice (29) que le pouvoir et le bonheur qu'elle lui procure. A quelle autre cause en effet, sinon à cet extrême amour pour le pouvoir, attribuer notre admiration pour les conquérants (30) ? Le conquérant, dit le corsaire Démétrius à Alexandre, est un homme qui, à la tête de cent mille autres, vole à-la-fois cent mille bourses, égorge cent mille citoyens, fait en grand le mal que le brigand fait en petit, et qui, plus injuste que ce dernier, est plus nuisible à la société : le voleur est l'effroi du particulier; le conquérant est, comme le despote, le fléau d'une nation. Qui détermine notre respect pour les Alexandres, les Cortès, et notre mépris pour les Cartouches, les Raffiats? La puissance des uns et l'impuissance des autres. Dans le brigand ce n'est pas proprement le crime mais la foiblesse qu'on méprise (31). Le conquérant se présente comme fort : on veut être fort; on ne peut mépriser ce qu'on voudroit être.

L'amour de l'homme pour le pouvoir est tel qu'en tous les cas l'exercice lui en est agréable, parcequ'il lui en rappelle l'existence. Tout homme desire une grande puissance, et tout homme sait qu'il est presque impossible d'être à-la-fois toujours juste et puissant. On fait sans doute de son pouvoir un usage meilleur ou moins bon, selon l'éducation différente qu'on a reçue; mais enfin, quelque heureuse qu'elle ait été, il n'est point de grand qui ne commette encore des injustices. L'abus du pouvoir est lié au pouvoir comme l'effet l'est à la cause. Corneille l'a dit :

Qui peut tout ce qu'il veut veut plus que ce qu'il doit (32).

Ce vers est un axiome moral confirmé par l'expérience; et cependant personne ne refuse une grande place dans la crainte de s'exposer à la tentation prochaine d'une injustice : l'amour de l'équité est donc toujours en nous subordonné à l'amour du pouvoir; l'homme, uniquement occupé de lui-même, ne cherche que son bonheur. S'il respecte l'équité, c'est le besoin qui l'y nécessite (33).

S'éleve-t-il un différend entre deux hommes à-peu-près égaux en force et en puissance? tous deux, contenus par une crainte réciproque, ont recours à la justice; chacun en réclame la décision. Pourquoi? pour intéresser le public en sa faveur, et par ce moyen acquérir une certaine supériorité sur son adversaire. Mais que l'un de ces deux hommes, manifestement plus puissant que l'autre, puisse impunément l'outrager; alors, sourd au cri de la justice, il ne discute plus, il commande. Ce n'est ni l'équité, ni même l'apparence de l'équité, qui juge entre le foible et le puissant, mais la force, le crime et la tyrannie. C'est à ce titre que le divan donne le nom de séditieuses aux remontrances du foible qu'il opprime.

Je n'ajoute qu'une preuve aux précédentes; c'est la plus forte.

CHAPITRE XI.

L'amour du pouvoir, dans toute espece de gouvernement, est le seul moteur des hommes.

Dans chaque forme de gouvernement, dit M. de Montesquieu, il est un différent principe d'action : « La « crainte dans les états despotiques, « l'honneur dans les monarchiques, « la vertu dans les républicains, sont « ces divers principes moteurs. »

Mais sur quelle preuve M. de Montesquieu (a) fonde-t-il cette assertion ?

(a) La crainte, dit M. de Montesquieu, est le principe moteur des empires despotiques. Il se trompe. La crainte n'augmente point, elle affoiblit au contraire, le ressort des ames. Je n'admets pour principe d'activité d'une nation que les

Est-il bien vrai que la crainte, l'honneur, et l'amour de la vertu, soient réellement les forces motrices et différentes des divers gouvernements ? Ne pourroit-on pas au contraire assurer qu'une cause unique, mais variée dans ses applications, est également le principe d'activité de tous les empires ; et que si M. de Montesquieu, moins

objets constants du desir de presque tous les citoyens. Or, dans les états despotiques, il n'en est que deux ; l'un, le desir de l'argent ; l'autre, la faveur du prince.

Dans les deux autres formes de gouvernement, il est, selon le même écrivain, deux autres principes de mouvement d'une nature, dit-il, très différente : l'un est l'honneur ; il s'applique aux états monarchiques : l'autre est la vertu ; il n'est applicable qu'aux républiques.

Les mots *honneur* et *vertu* ne sont pas, il est vrai, parfaitement synonymes. Cependant, si celui d'*honneur* rappelle

frappé du brillant de sa division, eût plus scrupuleusement discuté cette question, il fût parvenu à des idées plus profondes, plus claires et plus générales : il eût apperçu dans l'amour du pouvoir le principe moteur de tous les citoyens : il eût reconnu, dans les divers moyens d'acquérir le pouvoir, le principe auquel on doit en tous les

toujours à l'esprit l'idée de quelque vertu, ces mots ne diffèrent donc entre eux que dans l'étendue de leur signification. L'honneur et la vertu sont donc des principes de même nature. .

Si M. de Montesquieu ne se fût pas proposé de donner à chaque forme de gonvernement un principe différent d'action, il eût reconnu le même dans tous. Ce principe est l'amour du pouvoir, par conséquent l'intérêt personnel diversement modifié selon les différentes constitutions des états et leurs diverses législations. Si la vertu, comme il le dit, est

siecles et dans tous les pays rapporter la conduite différente des hommes. En effet dans toute nation le pouvoir est, ou, comme à Maroc et en Turquie, concentré dans un seul homme, ou, comme à Venise et en Pologne, réparti entre plusieurs, ou, comme à Sparte, à Rome et en Angleterre, partagé dans le corps entier de la na-

le principe d'activité des états républicains, ce n'est du moins que dans des républiques pauvres et guerrieres. L'amour de l'or et du gain est celui des républiques commerçantes.

Il paroît donc que, dans tous les gouvernements, l'homme obéit à son intérêt, mais que son intérêt n'est pas le même dans tous. Plus on examine à cet égard les mœurs des peuples, plus on s'assure que c'est à leur législation qu'ils doivent leurs vices et leurs vertus. Les principes de M. de Montesquieu sur cette question me paroissent plus brillants que solides.

tion. Conséquemment à ces diverses répartitions de l'autorité, on sent que tous les citoyens peuvent contracter des habitudes et des mœurs différentes, et cependant se proposer tous le même objet, c'est-à-dire celui de plaire à la puissance suprême, de se la rendre favorable, et d'obtenir par ce moyen quelque portion ou émanation de son autorité.

Du gouvernement d'un seul.

Le gouvernement est-il purement arbitraire? La suprême puissance réside dans les seules mains du sultan. Ce sultan, communément mal élevé, accorde-t-il sa protection à certains vices, est-il sans humanité, sans amour de la gloire, sacrifie-t-il à ses caprices le bonheur de ses sujets? les courtisans, uniquement jaloux de sa faveur, modelent leur conduite sur la sienne ; ils affectent d'autant plus de mépris pour les vertus patriotiques, que le despote marque pour elles plus d'indifférence. Dans ce pays on ne voit ni Timoléons, ni Léonidas, ni Régulus, etc. : de tels citoyens ne peuvent éclore qu'au degré de considération et de respect qu'on avoit pour eux à Rome et dans la Grece, où l'homme vertueux, assuré de l'estime nationale, ne voyoit rien au-dessus de lui.

Dans un état despotique quel respect auroit-on pour un homme honnête? Le sultan, unique dispensateur des récompenses et des punitions, concentre en lui toute la considération ; l'on n'y brille que de son éclat réfléchi, et le plus vil favori y marche égal au héros. Dans tout gouvernement de cette espece il faut que l'émulation s'éteigne : l'intérêt du despote, souvent contraire à l'intérêt public, y doit obscurcir toute idée de vertu ; et l'amour du pouvoir, ce principe moteur du citoyen, n'y peut former des hommes justes et vertueux.

Du gouvernement de plusieurs.

Dans ces gouvernements la suprême puissance est entre les mains d'un certain nombre de grands ; le corps des nobles est le despote (34). L'objet de ces nobles est de retenir le peuple dans une pauvreté et un asservissement honteux et inhumain. Or, pour leur plaire, pour en être protégé et mériter leur faveur, que faire ? Entrer dans leurs vues, favoriser leur tyrannie, sacrifier perpétuellement le bonheur du plus grand nombre à l'orgueil du plus petit. Dans une pareille nation il est encore impossible que l'amour du pouvoir produise des hommes justes et de bons citoyens.

Du gouvernement de tous.

Le pouvoir suprême est-il dans un état également réparti entre tous les ordres de citoyens ? la nation est le despote. Que desire-t-elle ? le bien du plus grand nombre. Par quels moyens obtient-on sa faveur ? par les services qu'on lui rend. Alors toute action conforme à l'intérêt du grand nombre est juste et vertueuse ; alors l'amour du pouvoir, principe moteur des citoyens, doit les nécessiter à l'amour de la justice et des talents.

Quel est le produit de cet amour ? la félicité publique.

La puissance suprême, partagée dans toutes les classes des citoyens, est l'ame qui, répandue également dans tous les membres d'un état, le vivifie, le rend sain et robuste.

Qu'on ne s'étonne donc point si cette

forme de gouvernement a toujours été citée comme la meilleure. Les citoyens, libres et heureux, n'y obéissent qu'à la législation qu'eux-mêmes se sont donnée ; ils ne voient au-dessus d'eux que la justice et la loi ; ils vivent en paix, parcequ'au moral comme au physique c'est l'équilibre des forces qui produit le repos. L'ambition d'un homme l'a-t-elle rompu? n'existe-t-il plus de dépendance entre les diverses classes de citoyens ? est-il, ou, comme en Perse, un homme, ou, comme en Pologne, un corps de grands dont l'intérêt s'isole de celui de leur nation ? l'on n'y rencontre que des oppresseurs et des opprimés ; et les citoyens se partagent en deux classes, l'une d'esclaves, et l'autre de tyrans.

Si M. de Montesquieu eût médité profondément ces faits, il eût senti qu'en tous les pays les hommes sont unis par l'amour du pouvoir; mais que ce pouvoir s'obtient par des moyens divers, selon que la puissance suprême, ou se réunit, comme en orient, dans les mains d'un seul, ou se divise, comme en Pologne, dans le corps des grands, ou se partage, comme à Rome et à Sparte, dans les divers ordres de l'état; que c'est à la maniere différente dont le pouvoir s'acquiert que les hommes doivent leurs vices ou leurs vertus, et qu'ils n'aiment point la justice pour la justice même.

Une des plus fortes preuves de cette vérité est la bassesse avec laquelle les rois eux-mêmes honorerent l'injustice dans la personne de Cromwel. Ce Cromwel, instrument aveugle et criminel de la liberté future de son pays, n'étoit qu'un brigand injuste et redoutable. Cependant à peine est-il nommé protecteur, que tous les princes chrétiens courtisent son amitié, tous s'efforcent, par leurs députations et leurs ambassadeurs, de légitimer autant qu'il est en eux les crimes de l'usurpateur. Personne alors ne s'indigna de la bassesse avec laquelle on recherchoit cette alliance. L'injustice n'est donc jamais méprisée que dans le foible. Or, si le principe moteur des monarques et des nations entieres l'est des individus qui les composent, on peut donc assurer qu'uniquement occupé d'accroître sa considération, l'homme n'aime dans la justice que la puissance et la félicité qu'elle lui procure.

C'est à ce même motif qu'il doit son amour pour la vertu.

FIN DU TOME HUITIEME.

www.ingramcontent.com/pod-product-compliance
Lightning Source LLC
Chambersburg PA
CBHW050648170426
43200CB00008B/1210